晏几道传

著 林希美

中国友谊出版公司

图书在版编目（CIP）数据

晏几道传 / 林希美著 . —— 北京 ：中国友谊出版公司，2024. 12. —— ISBN 978-7-5057-6049-3

Ⅰ . K825.6

中国国家版本馆 CIP 数据核字第 20249C4H96 号

书名	晏几道传
作者	林希美
出版	中国友谊出版公司
发行	中国友谊出版公司
经销	新华书店
印刷	天宇万达印刷有限公司
规格	880 毫米×1230 毫米　32 开 8 印张　169 千字
版次	2024 年 12 月第 1 版
印次	2024 年 12 月第 1 次印刷
书号	ISBN 978-7-5057-6049-3
定价	42.00 元
地址	北京市朝阳区西坝河南里 17 号楼
邮编	100028
电话	（010）64678009

人生不过一晌贪欢

二十几岁时，读小词，爱上了纳兰容若。

喜欢他的"人生若只如初见"，喜欢他的"当时只道是寻常"，还喜欢他的"我是人间惆怅客"。

二十多岁的女子，正沉溺于爱情的幻想中，谁不渴望一场美丽的遇见，谁不迷惘，谁不是人间惆怅客？

如若在爱里，也能遇见"当时只道是寻常"的美好男子，纵是如纳兰容若般英年早逝，似乎也对这一生有了回应。

直到遇见晏几道，读到他的"从别后，忆相逢，几回魂梦与君同"时，才骤然明白，原来纳兰容若所期望的爱情，终究是一场空，是一个人的独舞。纵算你和他心有灵犀，彼此挂念，人到底敌不过时间，敌不过风云变幻。

天底下，没有谁完全懂得谁，也没有谁在分别后，还做着同一个梦。

一瞬间，对爱情的执着与痴缠，就这样放下了。

再读晏几道，知道了他是"古之伤心人也"，是不得志的宰相之子，是被黄庭坚称为"痴"的人。

晏几道的一生，因着友人和后人的评价，就这样被定了性，再难翻身。

写晏几道，如同手中捻着细针，在一点一点地拼凑、缝补，细数他的锦绣年华。晏几道犹如伏藏，在缝补时，他总能给人惊喜，也让书写者明白，原来同是相思、梦、追思，也有诸般不同。如若没有系统的整理，他的梦，对往事的追思，以及相思，很容易变成烦腻的碎碎念。

当他的一生，如一幅图画般出现在眼前时，人们才深知仅凭某些经历与词句来评价一个人，终究是片面的。

晏几道的许多词是筵席上为了让歌伎助兴而创作的，所以难免写下诗酒年华、佳人红颜。当红颜流落民间，他四处漂泊，也难免写下太多相思、追思之语。但不能否认的是，他并没有小文人的酸腐气，虽有词人的痴，却痴得清醒。

也可以说，他的痴里有洒然与高迈。

晏几道说："春风自是人间客，主张繁华得几时？"他认为，自己来世间一遭，如春风般不过是人间过客。身处红尘中，春天只有一季，而夏、秋、冬，则有三季，所以，人间要么是酷热难耐的盛夏，要么是寒风彻骨的冬天，纵有还算舒适的秋天，但那秋里却有肃杀之气。

晏几道是人间客，只想做春风，好好地欣赏一下大好春光，却无奈陷入生计操劳，一生四处漂泊，终落得不得志的名声。

他只能在脱下官帽、官服，在一个人，在筵席上时，才能将自我放出来。只是，欢愉太短暂，未品尝完它的美，便已开始品尝离别的滋味。

所以，他只能用更敏感、更细腻的心，来体验那难得的快乐。他及时行乐，不管人生几何，今夕何夕，这个世界从此与他再无关系。

相思、追思、往事、梦，晏几道写了太多太多，主题重叠，语言重复，在所难免。一支笔，或许不能写出晏几道内心世界的复杂，但却能在相同的词句中，品味出他别样的人生。

后世解读晏几道小词的作品很多，但写他人生经历的作品却很少。然而，想研究他的小词，必须以他的人生为底，才能更好地解读。

晏几道早年富贵，中年落拓，晚年以致"荣显"，其跌宕的一生，值得人们品味。当他将自己比作人间客，他的低谷、不得志，纵算有沉郁的情绪在，在沉郁中亦有淡然自若的处世回应。

活在当下、及时行乐，解脱了他的苦，他的愁，他的销魂。

每个人都渴望生活舒适，可以停下来享受片刻欢娱。晏几道也有此愿望，但却如大多数人一般，终生忙碌在世俗中。

于普通人而言，喝一杯茶，读一本书，吃一块点心，便可把日子过成诗，享受生活的快乐。于晏几道而言，纵情于酒、于歌、于词，也是他的小快乐。

只不过，他在这片刻的欢愉中，写尽了人生。

他说："春梦秋云，聚散真容易。"

是啊，聚散无常，来得太快，所以只能珍惜着，珍爱着。哪怕它短如一瞬，也要用尽心思，来一场盛世贪欢。

有人说，人们都是在夹缝中求生存。确实，生活不易，但谁又能阻止得了你在阴沟里仰望星空呢？

那夹缝，并非现实与理想的鸿沟，而是让人在忙碌中卸下疲惫的解脱之道。

这也是我喜欢晏几道的原因。

因为他是春风，是人间客，是告诉我们如何把那股人间小道，走得更理智清醒、坦然自若的人。

第五章　人生如梦，梦是人生

第六章：天涯游子，只争归期

第一章

最是人间美少年

痴情贵族

清代诗人黄仲则^①诗云："别后相思空一水，重来回首已三生。"人生有多少事能够重来，又有多少人别后还会遇见？这一切终究不过是路上的风景，路过后一切成空。

《金刚经》有云："一切有为法，如梦幻泡影，如露亦如电，应作如是观。"于是，人们纷纷开始"如是观"，却发现那真实的人生，不是梦，也不是幻，更不是露水和闪电。离别后，相思是痛的；逝去后，回忆是痛的；经历磨难时，前路茫茫，也在痛着……

快乐时，可以活在当下；痛苦时，又如何能坦然安于当下？所以，人们喜欢回忆过去，期望未来，不愿活在"观"苦中。为了逃避痛苦，也唯有走进回忆与对未来的畅想中，才能让自己过得快乐些。也正因如此，人们进入了如梦如幻的梦境中。

---

① 黄仲则：黄景仁（1749—1783），字仲则，清常州府武进县（今江苏常州市）人，乾隆时期诗人。——编者注，后文若无特殊说明，皆为编者注。

在宋朝，也有一人生活在梦里。

他像《红楼梦》里的贾宝玉，含着金汤匙出生。他的父亲晏殊官居相位，给了他高贵的身份，使他每天沉浸于跌宕歌词、纵横诗酒、乐享奢华的生活中。黄庭坚说他痴，可他却不愿从痴中走出来。

他以为，自己以富贵开始，也便会以富贵结束。不承想，父亲的去世，很快结束了他逍遥自在的风流公子生活，他成了一个落魄的贵族。此后，他再不能风流闲适、锦衣玉食、珠围翠绕，只能在凄凉中，用一首首词诉说情苦与哀愁。

他原本无须过如此落魄的生活。他才华无限，有入世头脑，但因为放不下高贵的身份，放不下心头那点儿文人气节，使得他不愿做入世的事。他不愿与官场的人同流合污，不屑与人明争暗斗，因此，终生只能混个小官小吏。

所以，黄庭坚说他痴。

因着痴，他醉心词情，登上大雅之堂，成为历史上著名的词人。

他是晏几道，与父亲晏殊齐名，世称"二晏"。

黄庭坚说晏几道的词："文章翰墨，自立规摹。"

晏几道极善文字，独立于花间，写出了自己的风格。

晏几道的词，词风真挚深婉，工于言情，无论当时还是后世作者都对他评价很高。《白雨斋词话》[①]评价：

---

① 《白雨斋词话》：近代著名词学著作之一，作者为陈廷焯（1853—1892），字亦峰，清末著名词学家。

　　北宋晏小山工于言情，出元献（晏殊）、文忠（欧阳

修）之右……措辞婉妙，一时独步。

　　他的词有父亲晏殊词风的清丽婉曲，语多浑成，却又比晏殊的
词更为沉挚、悲凉。

　　父亲晏殊，身处承平天下，居高位，揽富贵，其词多是盛世之
音。晏几道不同，他幼时富贵，却一生沉沦，在词作思想与内容上
比父亲的词更为深刻。他写个人遭遇，写昨梦前尘，亦写人世悲欢
离合。

　　冯煦[1]在《宋六十一家词选·例言》中说：

　　淮海、小山，真古之伤心人也。其淡语皆有味，浅语

皆有致，求之两宋词人，实罕其匹。

　　如果唐诗是一碗浓浓的烈酒，那宋词便是一杯哀婉的清茶。
唐诗，于云月之下、山水之间、市井人家、天涯古道，皆可悲歌慷
慨吟诵。那风流，那寂寞，那江山飘摇，尽是疏狂与豪迈。而宋
词，之于酒，之于花，之于月，又皆是情意幽婉，敏感多情，抑郁
悲怆，言不尽情。那相思，那泪水，那情怀，说不完衷肠，道不尽

---

① 冯煦（1842—1927）：原名冯熙，字梦华，号蒿庵，光绪十二年
（1886）进士。冯煦工诗、词、骈文，尤以词名，著有《蒿庵类稿》等。

孤独。

人世，于晏几道而言，他潇洒不起来。他醉意朦胧、痴情等待、沉浮起落，若还能活得洒脱豪迈便失了人气儿。

人啊，最喜欢这点人气儿了，一点儿也不喜欢隐居山林的仙气儿。

有人说，他的词造语工丽，秀气胜韵，吐属天成，能动摇人心。他的《临江仙》《鹧鸪天》《阮郎归》等，皆是千古传诵的名篇。

他写"落花人独立，微雨燕双飞"，《复堂词话》[1]便赞它是"千古不能有二"的名句；他写"舞低杨柳楼心月，歌尽桃花扇底风"，《苕溪渔隐丛话》[2]便评它"词情婉丽"；他再写"梦魂惯得无拘检，又踏杨花过谢桥"，《邵氏闻见后录》[3]记载，程颐[4]便直言曰："鬼语也！"

词话、词人，念念不忘他的词，可谁又在乎过，那千古之句，

---

[1] 《复堂词话》：谭献（1832—1901）作为常州词派在晚清的继承者，成为一时词学盟主，《复堂词话》是其弟子徐珂辑录其词论而成。谭献：近代词人，字仲修，号复堂。浙江仁和（今杭州市）人。

[2] 《苕溪渔隐丛话》：诗话集，分《前集》60卷、《后集》40卷。作者为胡仔（1110—1170），南宋人，字元任。徽州绩溪（今属安徽）人。遭父母之丧，赋闲20年，卜居苕溪，以渔钓自适，自号"苕溪渔隐"。

[3] 《邵氏闻见后录》：全书30卷，宋人邵博作。自序说撰写是书，系续其父邵伯温闻见录，故以《后录》名书。书中内容兼及经史子集，以及地理、方言、民俗、医药等，涉及方面颇广。

[4] 程颐（1033—1107）：字正叔，北宋理学家、教育家，为程颢之胞弟。

婉丽之言，鬼语之话，不过是在写自己的人生。

晏几道总想在行乐里忘却流年，投入于生命的欢娱当中，却也终于发现，他早在行乐中苍老了时光，斑白了双鬓。

于世人而言，这不过是生命的本来，无可悲叹；可对于晏几道而言，这无声的时光变迁，尽是愁情。

他只能继续逃，逃到酒杯中，逃到女人的怀抱中，逃到旧时的梦里。只有这样，他才能忘记今夕何夕，忘记昏暗的世间，以及忘记这无比落魄而苍凉的人生。

晏几道自幼潜心六艺，旁及百家，尤喜乐府，文才出众，却因生性高傲，不受世俗约束，不慕势利，使得他放弃了其父多年来奠下的坚实仕途基石，转而去做自由自在的小官小吏。

可他真的自在么？世上满是疮痍，民间尽是疾苦，他又如何能甘于贫穷与落魄，不一心向官场之道呢？

心之所向，本该莲花处处开，他却只见满是污泥，所以他自是不愿沦陷于世俗。但他却忘记了，人生本就不能圆满，人性不经历悲楚自是无法开出高洁的莲花。他是那朵孤芳自洁的盛世之莲，一生虽凄苦难言，但却做到了忠纯真挚、未失童心。

夏敬观在《映庵词评》①中将晏几道与李煜相提并论，曰：

---

① 《映庵词评》：夏敬观的词评集。夏敬观（1875—1953），字剑丞，号映庵，复旦大学第三任校长，著述闳富，以诗名世，取法梅尧臣，苦涩得新鲜，亦工词，擅绘画，著有《毛诗序驳议》《春秋繁露考异》《司马迁年谱》《映庵自记年历》等。

晏氏父子，嗣响南唐二主，才力相敌，盖不特词胜，尤有过人之情。叔原以贵人暮子，落拓一生，华屋山邱，身亲经历，哀丝豪竹，寓其微痛纤悲，宜其造诣又过于父。山谷谓为"狎邪之大雅，豪士之鼓吹"，未足以尽之也。

李煜乃一国之君，其胸怀本该广而深远，无奈却深陷奢华、情爱中无法自拔。他的凤阙龙阁恍如一梦，国破家亡之悲愁延绵无绝期。晏几道为宰相之子，身份虽尊贵，未来虽可期，却无须担心危机四伏的国家，其心之境与李煜也不能匹敌。唯一能将两人相提的便是这赤子之心，以及二人那字字咏尽血泪的词。

句句深情，字字灼心。

晏几道的一生，也如词般深情痴绝，这痴绝也灼伤了他的心。他永远做不到王维的"行到水穷处，坐看云起时"，他只能再痴一点，再深入如梦的繁华一点，哪怕它终会散去，也不愿惊破这场梦境。

不管他愿不愿，他终究会被时光丢至暮年，丢到火炉里，在熊熊的烈火中化为灰烬。

如同你我，本无区别；也如你我，痴情一生，依旧过着如梦如幻、如露亦如电的人生；更如你我，观来观去，仍念念不忘，这世间的情。

家世与出身

昔日的汴京城里，人物繁阜，商客川流。十里长街，举目望去尽是青楼画阁、宝马香车。白矾楼内，饮徒常千余人，其脚店（一般酒楼）更是多不能遍数。

宋人们宴饮笙歌不绝，不以风雨寒暑，白昼通夜。秦楼楚馆内，金翠耀目、罗绮飘香。人们"新声巧笑"于店铺之间，也嬉戏于"柳陌花衢"。

晏殊迷醉在盛世的大宋里。他感慨地说："莫惜明珠百琲，占取长年少。"他并非天性不爱玩乐，是贫穷限制了他的脚步，使得他整日醉心书本，一心考取功名。

如若他自幼生于盛世京城，他定然拼尽年华，玩他个痛快。

晏殊的遗憾，子女们替他弥补上了。他虽出身寒微，但自少年入京后便青云直上，官至宰相。

晏几道便出生在此刻。那时，晏殊已四十多岁，他身居高位，子女们锦衣玉食，个个是富贵乡里的贵公子。

晏几道的生卒，很难考究。人们不知他出生何时，又卒于几年。学者们为了考究晏几道的生平，翻遍了史书和地方志，最终也没能得出一个确切的结论。有人根据晏几道生前好友郑侠[①]的生卒年，推断晏几道生于公元1014年，卒于公元1119年左右；夏承焘[②]则在《二晏年谱》中根据黄升的《花庵词选》[③]所说的庆历中晏几道奉召作词，以及王灼在《碧鸡漫志》[④]中以蔡京填词两事，来推算晏几道生于公元1030年左右，卒于公元1106年左右。

后来学者们多采用夏承焘考据的说法。

不过，根据《东南晏氏重修宗谱·临川沙河世系》所载：

> 殊公八子几道，字叔原，行十五，号小山……宋宝元
> 戊寅（公元1038年）四月二十三日辰时生，宋大观庚寅年

---

① 郑侠（1041—1119）：字介夫，福州福清（今福建）人，有《西塘集》《西塘先生文集》等作品传世。

② 夏承焘（1900—1986）：字瞿禅，晚号瞿髯，浙江永嘉（今温州）人，词学家，毕生致力于词学研究和教学，近代词学奠基人，有《夏承焘集》（八卷）行世。

③ 《花庵词选》：黄升编《绝妙词选》20卷，附词大小传及评语，为宋人词选之善本，包括《唐宋诸贤绝妙词选》10卷和《中兴以来绝妙词选》10卷。前者选录唐与北宋词人134家，凡515首。后者选南宋词人88家，收词760首，后附黄升自己的词作38首。后人统称《花庵词选》。

④ 王灼：生卒年不详，字晦叔，号颐堂。遂宁（今属四川）人，寄居成都碧鸡坊时，"考历世习俗，追思平时论说，信笔以记"，后因比增广成5卷，题为《碧鸡漫志》。内容首述古初至唐宋声歌递变之由，次列凉州、伊州等28曲，追述其得名之由来，与渐变宋词之沿革过程。

（公元1110年）九月殁，寿七十三岁。

有了此宗谱的记载，从此晏几道的生卒年，几乎已成定论，再无人怀疑。但事实上，根据晏殊卒年（1055年），那时晏几道（按生于1038年）已十九岁（虚岁），不能说他是"幼稚"，只能说晏殊去世时，晏几道的年龄可能更小。

除此之外，晏几道的好友黄庭坚自称"四十垂垂老"，又呼晏几道"云间晏公子，风月兴如何"，写他们的友谊则是"忆同稽阮辈，醉卧酒家床"，可见二人交往皆是平辈口吻，似乎黄庭坚年长于晏几道，但如果按宗谱所载，晏几道则大黄庭坚（生于1045年）七岁，而宋人习惯称年长七八岁的人为前辈。

故此记载，也并非真实可靠。

晏几道的生辰与卒年或许已被历史抹去痕迹，但他的名字与故事，却不曾被忘记。

他的《小山词》在读者的吟诵中，越来越清新明朗，历史的粉尘也被众人吹散，使"小山"二字，沾了温度，贴了金边。

与晏几道三个字相比，更喜欢他的号——晏小山。"小山"二字，轻盈、活泼、明朗，不似"几道"般沉重。人生到底有几条路？有多少道？于他而言，皆是一座又一座的小山吧！山虽重，可偏偏加了小字，便轻盈起来。如果他的人生也能"小一小"，那便不会有这许多精彩的故事了。

根据《晏氏宗谱》所载，晏家第一代世宗名叫晏墉，字宗道

（另一字仰高）。他出生于唐太和九年（835年），唐大顺元年（890年）卒。他由山东临淄外出做官，曾任江西观察判院。任满升迁时，因故乡兵变，从此定居于高安县太平乡二十八都花桥里之晏源。此后，晏氏繁衍于江西，故晏墉被列为江西晏氏始祖，花桥晏源被视为江西晏氏肇基之地。

晏殊是晏氏家族第五代子孙。按《晏氏宗谱》所载，晏殊兄一个，弟两个。晏殊，字同叔，生于太宗淳化辛卯年（991年），卒于至和二年（1055年），年六十五岁。

据《观文殿大学士行兵部尚书西京留守赠司空兼侍中晏公神道碑铭》所记：

> 公生七岁，知学问，为文章，乡里号为神童。故丞相张文节公安抚江西，得公以闻。真宗召见，即赐出身。后二日，又召试诗赋论。公徐启曰："臣尝私习此赋，不敢隐。"真宗益嗟异之，因赐以他题。以为秘书省正字，置之秘阁，使得悉读秘书。命故仆射陈文僖公视其学。[1]

晏殊自七岁便被誉为神童，十四岁受举荐进京，殿试一鸣惊人，得到了宋真宗的赏识，即赐进士。两日后，晏殊进行诗、赋、论的考试时，他上奏说："这些题我曾做过，不敢隐瞒，请拿其他题目来测试我。"

---

[1] 引自《欧阳修集》。

宋真宗听完大为诧异，世间有如此坦率、爽直之人，真是难得。此后，晏殊一路升迁，最终"登丞相府，为国元老"，得以"谋猷存二府，台阁遍诸生"。

晏几道自一出生，就没受过家贫寒微之苦，在富贵温柔乡里，吟诗作赋，旁及百家，才华出众。

晏殊喜欢交友，为人正直，善用贤人。当时的范仲淹、韩琦、富弼等，皆因晏殊的推荐而得到朝廷的重用。而相府的座上客，更是多不胜数，晏殊"惟喜宾客，未尝一日不燕饮"。

美酒佳肴，觥筹交错，管弦笙歌不绝，笑语喧哗间，晏几道也被潜移默化地影响着。他听他们吟诗作赋，谈古论今，也观千年历史，人情世故。当然，在绮罗脂粉、珠围翠绕中，他也如同大观园里的贾宝玉，早追着姐姐们问情为何物了。

他继承了父亲的才华，却始终不能如父亲般安于仕途。所以，黄庭坚只能在《〈小山词〉序》中说他痴：

> 仕宦连蹇，而不能一傍贵人之门，是一痴也。论文自有体，不肯作一新进士语，此又一痴也。费资千百万，家人寒饥，而面有孺子之色，此又一痴也。人百负之而不恨，己信人终不疑其欺己，此又一痴也。

在仕途上，他不愿阿谀奉承，借晏家势力，是一痴；他文章写得自有体系，却不愿参加科考，又是一痴；他一生花钱无数，家人忍饥挨饿，他却如孩童一般不谙俗事，更是痴；他被人欺骗一次又一次，却不怨恨，仍以诚相待，痴透了。

有些人在为人处世经验中，越学越圆滑，而晏几道越学越高洁。他见惯了官场的吹捧，熟知仕途的手腕，却始终不愿做一个被污染的人。

假如，晏殊后来活着，他该如何举荐晏几道入仕途呢？晏几道又是否愿意接受父亲的举荐呢？一切不得而知，唯一可知的便是，晏几道的一生，始终是小官小吏，虽晚年以致"荣显"，但终究遗憾了大半生。

如果真有假如，晏几道应是那不愿走向高位的人。他更愿意走到百姓间去，走到挚友中去，走到情里去。

晏几道空有好家世、好出身。这万人难求的金汤匙，除了给他提供了良好的读书环境外，再也没有半点好处。他甚至终生都活在这段富贵梦里，无论身在何处，仍不忘自己是簪缨世族。

在他看来，再落魄，也是贵族。他穿越风雨，历经苦难，仍不改初心，依旧这般高贵着。

在微光中长大

有些人自出生，便注定了结局。

我们不能选择何时生，也无法选择何时死，但却可以选择如何活。可偏偏有人，宁愿落魄潦倒，也不愿向世俗低头。

比如晏几道。他出生时，晏殊已四十几岁，人生经历风波后，自然多了几分哀怨。他教晏几道诵乐府，写诗词，也教他做人的道理。经历了沧桑，看透了人心的"老人"，自是教不出积极入世的孩子。

晏殊以为，告诉晏几道越多自保的道理，他将来在仕途上才能越顺畅，不似他这般遭到被贬的命运。可晏殊却忽略了，人是不愿意面对黑暗的。他越是告诉晏几道官场有多黑暗，晏几道便越是讨厌仕途。他宁可一生贫穷潦倒，也不愿蹚入那淤泥里去。

关于晏殊被贬的故事，晏几道自是十分熟知的。这是令他增长人生经验的教材，他如何能躲得过父亲的絮叨。

晏殊七岁被誉为神童，十四岁踏入仕途，五十三岁时登顶拜相。在世人看来他的一生，可谓顺风顺水。然而，事实上，晏殊的一生，遭遇过三次贬谪。

天圣四年（1026年），刘太后在朝堂上提出任张耆为枢密使。张耆是宋真宗赏识的旧人，与刘太后又是故交，她早有提携之意。只是，张耆并非进士出身，却要担任位高权重、比肩宰相的枢密使，文武百官难以接受。

刘太后权倾朝野，群臣纵是不满，也不敢反对她的提议。晏殊为人正直，早些年颇得先帝真宗的赏识。面对刘太后的无理要求，他第一个站出来反对："张耆不可为枢密使。"

朝堂上，刘太后遭到晏殊反驳，到了内殿，便立即向仁宗抱怨。

伴君如伴虎，仁宗不是真宗，他无须容忍晏殊所有的直言不讳，刘太后也不会因为晏殊的请奏而放弃她的雄图霸业。

约一年后，刘太后找到了报复晏殊的机会。

据《宋史》所载：

> 坐从幸玉清昭应宫，从者持笏后至，殊怒以笏撞之，折齿。御史弹奏，罢知宣州。数月，改应天府，延范仲淹以教生徒。

晏殊随宋仁宗巡视玉清昭应宫，随从拿着朝笏慢慢赶来。晏殊不满，盛怒之下用朝笏打得随从门牙脱落。

堂堂朝廷宰执，竟因小事动手打人，监察御史抓住其把柄，接二连三劾奏，晏殊被外放出京。

这一年，晏殊三十六岁。

如果说晏殊第一次被贬实为心直口快、不谙世事，那么第二次被贬，则纯属无妄之灾。

明道二年（1033年）三月，刘太后驾崩。她的死亡揭开了一段"狸猫换太子"的故事，而晏殊正巧无意牵连其中。

当年，宋真宗多年无子，正为此事烦闷时，李宸妃和刘妃相继怀孕。宋真宗向她们承诺，谁若产下太子，便立谁为后。李宸妃安心待产，刘妃却心怀鬼胎。她与内监郭槐合谋，如若李宸妃先产子，便买通接生婆，用剥皮的狸猫调换李宸妃的太子，以期夺取后位。为绝后患，刘妃命人将太子丢入护城河，并对李宸妃下手，致其死亡。当然，这只是野史所记，不可全信。

据《纲鉴易知录》①所载，则有另一版本：

> 李氏，杭州人，实生帝，太后既取帝为己子，与杨太妃保护之，李氏默然处先朝嫔御中，未尝自异。人畏太后，亦无敢言者，以是帝虽春秋长，不自知为李氏出也。至是疾革，乃自顺容进位宸妃。薨，太后欲以宫人

---

① 《纲鉴易知录》：清康熙年间，浙江山阴文人吴乘权和他的朋友周之炯、周之灿合作编纂的一部中国通史读物，是记载从太古神话传说时代直到明代历史的编年史作品。

礼治丧于外，吕夷简奏："礼宜从厚。"太后遽引帝起；有顷，复独立帘下，召夷简问曰："一宫人死，相公云云何也？"夷简对曰："臣待罪宰相，事无内外，皆当预也。"后怒曰："相公欲离间吾母子邪！"夷简对曰："陛下不以刘氏为念，臣不敢言。尚念刘氏，则丧礼宜从厚。"

皇帝生母之事，群臣内外，许多人都知道，唯独皇帝不知。李宸妃死后，晏殊奉命为她撰写墓铭，他思来想去，仍认为不好表明真相。

他在墓铭中，只好言生女一人，早卒，无子。

刘太后死后，此事再被翻起，宋仁宗恨极了晏殊：

内出志文以示宰相，曰："先后诞育朕躬，殊为侍从，安得不知？乃言生一公主，又不育，此何意也？"吕文靖曰："殊固有罪，然宫省事秘，臣备位宰相，是时虽略知之而不得其详。殊之不审，理容有之。然方章献临御，若明言先后实生圣躬，事得安否？"（引自《龙川别志》）

宋仁宗默然良久，命晏殊守金陵，后又改为守南都。

许多人认为，这事并非晏殊之罪，以当时情况而言，任谁写墓铭都会这样下笔。只是，帝心难测，官场复杂，他只能遭遇被罢黜贬谪的命运。

这一年，晏殊四十三岁。

两次被贬，于晏殊而言，虽有无奈和不甘，但仍不至于伤心伤肺。这些不过是官场起伏，过不了多久他便会回去。然而，第三次被贬，却让晏殊痛彻心扉。

天圣八年（1030年），晏殊出任礼部贡举，并举荐了欧阳修、孙甫、蔡襄。庆历三年（1043年）三月，晏殊拔擢欧阳修为太常丞并知谏院。欧阳修性情刚硬，论事切直，四处树敌，令晏殊很是为难。庆历四年（1044年），晏殊上奏朝廷，让欧阳修转任河北都转运使。

谏官孙甫、蔡襄奏留不许。他们二人奏言："宸妃生圣躬为天下主，而殊尝被诏志宸妃墓，没而不言。"又奏论殊役官兵治僦舍以规利的事。两件事，一件是多年前的往事，一件是微不足道的小事，并不能给晏殊治罪。

无奈，此时谏官权势如日中天，群起而奏之，晏殊只能再次被贬。

这一年，晏殊五十四岁。

此番离去，长达十年，等他再回到汴京，朝堂已不再是他的天下。

晏殊并无过错，却因党争、因遭人妒而多次被弹劾。不是他不能释怀，而是他不能接受被亲手提拔的门生弹劾。

北宋朋党之争盛行。晏殊作为两朝老人，前后经历了两次党争。在两党派系中，欧阳修、范仲淹均出自他的门下，富弼则是他的女婿，即使如此，他仍不愿搅入这浑水中。欧阳修说他："富贵优游五十年，始终明哲保身全。"所以，他被称为"太平宰相"。但晏殊也并非一味明哲保身，他曾在《中园赋》中写道："倡佯乎大小之隐，放旷乎遭随之命。"

宦海沉浮，有多少人浮上来，便有多少人沉下去。他不能教导孩子"浮"，意味着要有精明的头脑、圆融的人情世故、颠倒黑白的嘴巴，以及弯曲而狠硬的心肠……

晏殊做不到，也不希望晏几道成为这样的人。

晏几道跟着父亲，离开汴京，去往颍州。在那里，晏殊开始了对晏几道的教导。他教他诗词歌赋，也教他做人的道理。

罢相前一晚，"晏公启宴，召宋公，出妓乐，饮酒赋诗，达旦方罢"。罢相后，"子京挥毫之际，昨夕余醒犹在，左右观者皆骇叹"。

那一声声的叹息，晏几道怎会不知？纵是父亲沉默不语，他幼小的心灵，也自是知道发生了什么大事。

当他从汴京搬往颍州，这"大事"也像是他亲身经历了一般，深深地印入了脑海里、性格里。所以，后来的他，似晚年的父亲一般，醉于诗词，悲叹人世。

晏几道一出生便老了。

　　人们说，晏几道在诗词的造诣上超越了晏殊，可谁又知道，晏几道还是晏殊的"延续"？他不仅是父亲生命的延续，还是他思想的延续、诗词境界上的延续。

　　晏几道接过晏殊手里的接力棒，拼命地向生命终点奔跑。他以为自己是对的，可是人们却说，他错了。是啊，晏殊的看透，本该属于一位老人，晏几道年纪轻轻，又如何能看透？他应该积极入世，在仕途上打拼，行至晚年再感慨人生也不迟。

　　可惜，晏几道在年幼时，心中便藏了一个老灵魂。他早已没了奋斗的力气。

　　他的晚年太长，长到一生都仿佛活在暮年里。

醉心诗情，承接家风

晏几道平生潜心六艺，玩思百家，持论甚高，这些成就离不开晏殊的教导。晏殊自幼好学，老而不衰，至其病亟，仍是手不释卷。他不仅要求自家子女读书，在写给中丞兄家书中，仍不忘劝其读书，免辱门户：

……知令读书否？假如性不高，亦令读书，学诗学礼，宜亲老宿有德之人，所冀向后自了得一身，免辱门户也……因信上闻，希令诸子知之。若能稍学好事，免为人所嗤笑，成立得身，父母一生放心有望矣。门前不要令小后生轻薄不着实者来往，或寻得一有年甲严谨门客教训诸子甚好。先少师所以常孜孜于此事，重念余白、饶鼎朴实，嫌其余轻薄。殊日思量，方知是格言也。近日京师官中行公事甚多，细视多是人家子弟轻事玩狎，非类致之者。是知小儿女尤宜亲近有德，远轻薄之徒也。[1]

晏殊在信中，不厌其烦地叮嘱家族子弟文学与道德方面的教育，可见身为晏殊之子的晏几道，自幼也承袭了这样的教育。晏几道一方面接受着文学教育，另一方面接受着道德修养教育，且还被要求不能与浅薄、轻薄之人往来。

这些教育给晏几道的一生打下了坚实的文学基础，同时也打下了坚实的道德基础。后来，当他长大成人，举目望去，官场上尽是奸佞狡诈之辈时，他不愿与之相交、与之同事，也是必然的。他的高贵，不仅仅只是来自晏殊的地位、家族的荣耀，还来自学识修养。他看不上阿谀奉承、溜须拍马之辈，也不喜欢学识浅薄，却卖弄文学之流。

传言，晏几道天资聪颖，五岁时已能精通诗文。有一日，他竟咏唱了柳永的"酒力渐浓春思荡，鸳鸯绣被翻红浪"之句。晏殊听完，当众斥责他。晏几道很委屈，柳永词句虽然俚俗，但却音律优美，为何不能吟诵？

世人皆知，柳永作新乐府，时人传诵甚广，但他所作之词大多为艳词，那"浅斟低唱"之句，当然不能出自孩童之口。更何况，身为男儿，他理应有更高的志向，不该被"鸳鸯绣被"毁了。

只是，大人的世界，小孩子不懂。

---

[1] 引自《答中丞兄家书》。

春天走了，残红落尽，绿荫满枝。

夏天来了，柳枝褪去柳絮嫩芽，一条条地疯长起来。

晏殊一家来到颍州后，晏殊在府邸里种满了花木，在书房里又增添了些新的书籍。

初来此地，晏殊认为不该整日闲居家中，应该携子游览美景。那西湖边盈岸的绿柳，接天无穷碧的莲叶，皆能引发诗性。

晏殊作过一首《浣溪沙》，描绘的便是杨柳美景、曼妙荷花：

　　杨柳阴中驻彩旌，芰荷香里劝金觥。小词流入管弦声。

　　只有醉吟宽别恨，不须朝暮促归程。雨条烟叶系人情。

良辰美景，温言软语，到底不如杯中烈酒。欢愉的时光让人沉迷，却也太过短暂，暂时忘记了烦忧，过后也总会醒来。晏殊真想常住山水间，不问归期，忘记凡尘俗世，可终究不能。

晏殊罢相后，心情复杂，一直压抑着心中的苦。

晏几道不同，他来到此地，心情颇好。

对于晏几道而言，汴京与颍州并无不同。只要景美，有书可读，有诗可吟，有兄长家人，哪里都是他的家。

他也写了一首《浣溪沙》，同样描写了杨柳，与父亲不同的是，他的心情是美而舒畅的：

　　白纻春衫杨柳鞭，碧蹄骄马杏花鞯。落英飞絮冶游天。

　　南陌暖风吹舞榭，东城凉月照歌筵。赏心多是酒中仙。

世人多诵晏几道伤感之句，闲愁空满之词，却极少有人愿意关注他的少年时光，他也曾青涩、纯真过。他热爱这一季又一季的春秋冬夏，更是贪尽了所有的好时光。

人们虽道他少年浮沉于酒，耽于声色，玩世不恭，但晏几道的日子却并不奢华，他更不是纨绔子弟。

晏殊一生，刚肠嫉恶、廉洁俭朴、儒雅旷达、笃学不倦。他为官五十余年，官至相位，家中虽无一日不宴饮，但他却是廉洁自持，居处清俭的人。在晏殊写给堂哥晏詹的家信中，便可得知：

　　……地远不须烦神用，况人事有何穷尽？知置得宅子，大抵廉白守分为官，须随宜作一生计，且安泊亲属，不必待丰足。尝见范应辰率家人持十斋，自云："一则劝其淡素好善，次则减鱼肉之价，聚为生计。"果置得一两好庄及第宅，免于茫然，此最良图。况宦游有何尽期，兼官下不可营私。魏四工部，可为戒也。然须内外各宜俭约为先，方可议此。殊家间仆使等，直至今两日为破一顿猪肉，定其两数，或回换买他鱼肉，亦只约猪肉钱数，以此可久。此持久之术，是以常为宗亲及相知交游言之。……

古今贤哲有识见知耻者，量力度德，常忧不能任者。不佞
当负以重愧，畏重责，是以终无幸求。其更识高者，非
亲耕不食，非亲蚕不衣，徐儒子之类是也。盖功利不能及
人，而坐受窃其膏血，纵无祸，亦须愧赧也。……[1]

修身、齐家、治国、平天下，实乃一个人家国情怀。晏殊虽然
可以治国、平天下，但从不忘记做人的修身、齐家之本。他重视功
德，重视节俭，以道德治家。他的道德和文学成就显著，常被后世
所称颂。

然而，身为晏殊之子的晏几道，不过承袭晏家家风而已，他的
修身道德，却成了不肯入世的"怪癖"性格。在《晏氏宗谱》中，
周敦颐说：

予观晏元献公之八子，咸循循雅饰，一言一行无不
合于规矩准绳；于是，知公之有家教也。后得所著《义方
记》，阅之益信公之善训其子，而其子之善继善承，真所
谓毋吞尔祖也。近时见燕山窦禹钧氏，以义方训子，而
仪、严、侃、偁、僖俱为名臣。

毫无疑问，晏几道便是那个信善、好读、乐施、节俭、注重品
性修养之人。后来的晏几道不肯入仕途，虽面有菜色，也能自持，

---

[1]　引自《答赞善兄家书》。

正是得益于父亲的言传身教。

穷则独善其身，达则兼济天下。世道不属于他时，他宁肯写晏几道词，将那一腔抱负化作一声声悲叹，也不肯违背自己的良心。

远离脏污，晏几道既能有情调地翻腾"鸳鸯绣被"，也能嬉戏于"春衫杨柳鞭"，还能醉心于做个"酒中仙"。

有一年，晏殊带晏几道回故乡省亲，晏殊见到故乡风光，心旷神怡，禁不住地赞叹起来。当父亲吟到"疑怪昨宵春梦好，元是今朝斗草赢，笑从双脸生"时，晏几道的心情却变得沉重起来。春光再美，仍有疾苦百姓，笑脸双生，也不能改变朝廷的昏庸、官吏的凶横。所以，他入梦了，在梦里，那个世界杨柳依依，百花艳艳，彩云悠悠，白帆点点。他纵情地疯跑着，放肆着，也畅快着。

梦是他的童年，他一生都活在梦里。

也只有梦里的世界，才纯乐无苦。这短暂的快乐，让他忘却了世间的痛苦、情感的失落。

梦如同酒，都能让人变神仙。

一直在路上

可以说，晏几道的童年一直是动荡不安的。他随着晏殊的调遣，四处漂泊。哪里才是他的家？家人告诉他，他的家在汴京，可是回不去。

汴京，是一个旧梦，晏几道似乎已经忘记了它繁华的模样，留在他记忆里的，多是小城的杨柳春风，云卷云舒。

于他而言，颍州也是他的家。他喜欢这里如画的风景，也喜欢那一池又一池的荷。他来到颍州后，终于习惯了这里的生活，却又被告知要离开。

自景祐二年（1035年）至庆历四年（1044年），晏殊一直被不断调任，先后出任工部尚书、礼部尚书、刑部尚书、户部尚书，在颍州、许州、陈州等各地辗转。自罢相后，他又于庆历八年（1048年）至皇祐五年（1053年），迁徙至陈州、许州、河南等地。

他们一家，一直在路上。晏殊渴望回到汴京，回到熟悉的人群中去，而晏几道却渴望留下来。

因为只有留下来，他才能活在熟悉的人群中。

有一年，晏殊带晏几道回故乡省亲，晏殊与抚州知府是旧相识，便特意与老友相聚。知府在金柅园招待晏殊父子，见晏几道长得眉目清秀，且又温文儒雅，应对敏捷，很是喜欢。有人说，这一年晏几道十四五岁，虽然他出生年份不详，此年龄不可考，但知府把女儿介绍给晏几道认识，却是可信的。

北宋极为开放，女子也可游山玩水，出入酒楼、茶馆等地。王安石有诗云："却忆金明池上路，红裙争看绿衣郎。"知府见晏几道文才出众，很想让女儿见识一番，也无可厚非。

晏几道见她容貌姣好、知书达礼，且又琴棋书画无所不通，不禁心生恋慕之情。此后，他常常来找女子玩，一起穿花拂柳、听鸟观鱼、吟诗作赋、猜谜下棋。

晏几道与女子的感情越来越深厚，只因两人以兄妹相称，始终没有张口言情。没多久，晏几道离开了，两人虽有书信往来，但因路途遥远终不得相见。

此后，晏几道无一日不思念着她，甚至为她病倒了。心病当须心药医，第二年，晏几道独自一人去寻她，再来到金柅园后却发现，知府因受党争牵连已被发配充军。

女子当然不知去向。

传闻，那姑娘因性子耿直，在路上不堪虐待，绝食而死。也有人说，她卖身葬父后，沦落风尘，早已寻不见了。

晏几道年纪虽轻，却无时无刻不在感受着官场的压迫。晏殊贵为宰相，亦不可主宰自己的命运，那手无缚鸡之力的女子，又如何能主宰自己的命运？

她不能主宰命运，但却可以主宰生命。

晏几道在唏嘘哀伤中，希望传闻是真的。人也只有离去了，才能不再受命运的摆布。

晏几道自童年起，便是那只一直飞翔而不能停下来的小鸟。

晏几道家境好，兄弟姊妹皆封官得禄，可又能怎样，人还不是被迫随波逐流。

晏殊家中，宾客往来无数，无一不称赞晏几道的才华。他在席间，写下一首诗、一阕词，往往能博得满堂喝彩。

可他不开心。

才华、财富、名声，他统统有了。生长在富贵乡里的晏几道，自是渴望得到自己所得不到的东西。他要追求精神自由，要摆脱世俗的枷锁。

此后，他纵情诗酒，间作乐府，成了游戏人间的人。他不像父亲那般深沉，他更喜欢将喜怒哀乐尽情释放，大吐心中不快。

百花丛中，晏几道醉了。他醉倒在温柔乡里，也醉倒在一场场宴席上。他并非酒色之徒，酒色不过是遮颜的面纱，能将他的心紧紧地包裹起来。他不愿看那人心的诡诈，也不愿了解世态的炎凉，只愿守着一方净土自耕。

然而，现实是残酷的，容不得他尽情放纵，坚守纯真。没有哪个家族可以兴旺百代，也没有哪个人能够富贵一生。当晏殊离去，家族风光不再，他的坚守，使自己活成了落魄的贵族。

后来的晏几道，大半生沦落于低层，甚至到了"仕宦连蹇""家人寒饥"的地步。为了生计，他被迫奔波于天南海北的下层官吏中。

他一生渴望停下来，却不得不再次起航。

起先他跟着父亲走，后来他带着一家老小走。

晏殊官运亨通，善于自保，晏几道或许看到了晏殊的无奈，但却没看懂晏殊的享受。晏殊不排斥做官，心中渴望一展抱负。

晏几道不同，他一生想做个自由的人，却不得不再一次被世俗绑架。没了父荫，没了一世荣华，他什么也不是。可偏偏他有才华，偏偏天资过人，偏偏家人醉心仕途。

唯独他，是个异类。

人至中年，晏几道的脚步也踏过了半生光阴。回忆起曾经的过往，留给他的也只有满眼凄凉事，不禁泪沾衣。于是，他写了这首《鹧鸪天》：

　　斗鸭池南夜不归，酒阑纨扇有新诗。云随碧玉歌声转，雪绕红琼舞袖回。

　　今感旧，欲沾衣。可怜人似水东西。回头满眼凄凉事，秋月春风岂得知！

那一年，晏几道还是个意气风发的少年。他在池畔作栏，使鸭相斗，也在池边征歌逐舞、饮酒赋诗、昼夜欢宴。酒阑之后，意犹未尽的他，还在歌女的纨扇上题诗一首。他醉了，看到天上的云随着碧玉的歌声而飘转；红琼的舞袖回旋间，又像裹上了一身飞雪。

那是晏家的昔日盛况，是他身为富家子弟该享的荣华。那时，他为不自由烦闷过，所以逃到了酒色中去。他以为，那是无奈之举，可后来的他回忆起来，曾经的时光又是多么的自由与欢快。

这一幅画面，他不能追忆，一追怀，便泪千行。那些人，那些事，终究走了。像水流那般，已各奔东西，再不能汇聚到一起。

人至中年，他还剩下什么？

晏几道一世纠结、抗争，到底为了什么？有人说，是为了一口气，毕竟他满腹才华，如锦绣春色，自是要求得高贵的灵魂。他想用一世骄傲、独立，来证明自己，即使不向现实低头，也可以过好这一生。

于世人而言，向现实低头，走入那淤泥里，才能活得好。他在乎别人怎么看，也不在乎别人怎么看。他在乎的是，失了格调和骨气，令人看不起；不在乎的是，因贫穷潦倒而受人指指点点。

有人为了仕途不得不奔波，有人为了生计不得不奔波。两者看似一样，却大有不同，如同晏殊和晏几道。他必须与父亲区别开来，才能追求精神上的独立，不活在他的阴影之下。

同样的尘世，对于某些人来说，是寄托梦想的乐土，只要顺流而下，便能享受富贵荣华；对于另一些人来言，人生如深渊，需要小心对待才能避开试炼。

　　纯净的心灵是一面镜子，照映着尘世的污浊。他们在看见污浊时，便看到了人生的结果，所以不会轻易投入滚滚红尘。而有些人，一定要结果落到手上时，才能明白所有的一切都需要付出代价，而那个结果却不是他想要的。

　　所以，晏几道纠结着。当然，贫困也不是他想要的，他努力了一生，至死也无法摆脱。

　　但他依旧在抗争着，无论多难。

天有不测风云

回到汴京

晏殊老了，身体越来越差。

晏几道望着体弱多病的父亲，越来越担忧。

皇祐五年（1053年），晏几道祖母去世，他们一家自颍州护祖母归葬。这些年，晏殊好友相继离世，晏几道见惯了父亲的悲叹。

在他看来，死亡不过人之常情，如同落花流水一样自然。可是，当祖母也离去后，他才体会到了亲人离去的痛。他怕了，他怕父亲身体抱恙，怕他也如祖母一般突然倒下。

经历了朋友、亲人离去的晏殊，心情也变得抑郁起来，接着身体也越发地不好了。

晏殊开始思念汴京，那个离开了十年的地方。他常常梦想着，有朝一日能回到熟悉的地方，见到熟悉的老友。

至和元年（1054年），晏殊以回京就医为名上奏朝廷，希望得到朝廷的允许。朝廷答应了。六月，晏殊回到汴京。八月，疾病好转。他向宋仁宗请奏调任之事，宋仁宗体恤他，"特留侍经筵，诏五日一与起居，仪从如宰相"。

晏几道习惯了"居无定所"的日子。再次回到汴京于他而言，不过是能更尽情地放纵。晏殊养病期间，家中宴请不断，晏几道也乐得忘记了忧愁。

笙歌曼舞、聚会饮酒、谈论诗词，还有什么比这更快乐？人只要醉倒在酒中，世间的烦恼也便忘记了，他要珍惜这来之不易的好时光。

他知道，父亲老了，终会离去，这短暂的快乐不会长久。从那时起，晏几道学会了逃。他常常感到寂寞，说不清楚自己想要什么，也不知道如何才能让日子过得惊心动魄，顺心顺意。

所以，他只能逃。逃到这点滴的欢愉中去，逃到那一场又一场的梦和情事中去。许多年后，晏几道仍过着今朝有酒今朝醉的生活。

　　官身几日闲，世事何时足。君貌不长红，我鬓无
重绿。
　　榴花满盏香，金缕多情曲。且尽眼中欢，莫叹时
光促。
　　　　　　　　　　　　　　　　　——《生查子》

为官之人，一生能有几日闲？烦琐事务永远不会处理得完。少年子弟会鬓发染霜，老去的人，鬓发再不能变黑，所以晏几道不会

执着世俗事。

他要满杯香美的榴花酒，要多情温婉的金缕曲。在酒、曲、歌舞中尽情地享受眼前的欢娱。不要叹息时光流逝得太快，赏心乐事难得，放下繁忙琐事，那时光才能不被辜负，才能慢下来。

晏殊回到汴京后，渴望回到让他叱咤风云的舞台。他上奏朝廷，得到的不过是"诏五日一与起居"而已。曾经风光无限、指点江山的人，如今竟英雄无用武之地。晏殊在欢娱之时，也是感慨万千。

这时，晏殊不得不承认他老了。他退出了政治舞台，也将要退出尘世的舞台。花甲之年的他，一次游湖时，看到接天莲叶、满江荷花映日的景象后，随手写下了《渔家傲》，来感慨时光的短暂：

> 画鼓声中昏又晓，时光只解催人老。求得浅欢风日好。齐揭调。神仙一曲《渔家傲》。
> 绿水悠悠天杳杳，浮生岂得长年少。莫惜醉来开口笑。须信道。人间万事何时了。

真是有其父必有其子，晏殊和晏几道的感慨何其相似。只是晏殊人至暮年，相比晏几道的感慨更为深刻。

那日，莲池河边，晏殊是在一片响亮的画鼓声中度过的。整整一日，时间就这样过去了，人也在不知不觉间老去了。人应该享受这短暂的时光，也应该及时发现时光的美好。一齐放声歌唱吧，唱起这首《渔家傲》，把时间放慢些。

湖水悠远，碧绿清澈，无边无际，将天空衬得缥缈绵长。伟岸会变得渺小，故人会在天地苍凉间被忘却，那站在时光里的人，又怎会一直是个少年？

人老了，不要惋惜曾经的青春年少，也莫惋惜那醉后的开怀大笑。功业璀璨，如流星般短暂，仕途波澜，也终究会过去。

世间万物，莫不过如此，起起伏伏，永远不会结束。

晏殊此时已看透，人生如梦，富贵皆如浮云，唯有时光是真实的。他希望人们能够珍惜好时光，不再辜负它。

对于晏殊来说，不能说他是失去了才懂得珍惜，他只是在晚年，看透了世事的沧桑。然而，对于晏几道来说，他的及时行乐，除了对世事的洞察醒悟，还坚持着他的理想，他的纯真。

他喜欢及时行乐，现实逼迫得他不得不及时行乐。

晏殊在时光里，获得了自由，但在现实面前，却并没有得到解脱。他回到汴京后，仍和从前一样谨慎，生怕行差踏错。晏殊在现实面前的不自由，在仕途的看不开，或许启发了晏几道，让他一生都在追求快乐，追求解脱。

晏殊有一双毒辣的眼睛，不知他是否也看穿了晏几道。

庆历二年（1042年），王安石进士及第后，奉旨拜谢枢密使晏殊。

王安石文才出众，性情古怪，刚愎自用，晏殊看出他的缺陷后，劝他改掉其性情，否则日后怕是要遭难。晏殊说："能容于物，物亦容矣。"

王安石点头称是，过后却不以为然，反而嘲笑晏殊："晏公为大臣，而教人者以此，何其卑也！"

他说，当朝宰相，理应教人往更高的道德方向走，现在却劝他要流于世俗，可见此人的品性啊。所以，王安石后来讥笑晏殊说："为宰相而作小词可乎！"

他身为宰相，整日做小词，算什么好官！

许多年后，王安石在朝廷，因性格古怪四处树敌，遭遇了罢相的结局。他想起晏殊的忠告，又感慨晏殊的先见之明。

晏殊看对了，王安石很佩服。

可是，晏殊看透了晏几道吗？如若早已看透，他为何不给晏几道指点江山，也劝一劝他的仕途之路呢？还是，晏殊看透了晏几道后，认为晏家祖荫足以让他逍遥一生，所以无须担忧呢？

晏殊对晏几道的安排与打算，史上并无载，所以不得而知。但不得不说，晏几道终其一生，也并没有让晏殊失望。晏几道守住了道德，守住了品性，一生努力精进地读书。

所以，对于晏几道而言，人生短暂，年华易逝，他又何必踏入那污浊之地，把一生的光阴消耗在你争我斗中呢？

晏殊离世

据宋人蔡绦在《西清诗话》记载，有一位叫刘苏哥的歌伎，与人私下订了终身，老鸨得知后并不打算放过她。她驰马出郊，登上高冢瞻望恸哭，不久抑郁而亡。

晏殊初罢相时，常感慨士风凋落。听闻此事后，曰："士大夫受人眄睐，随燥湿变渝，如翻覆手。曾狂女子不若。"士大夫受到眷顾宠爱后，会因功名利禄而变节。他们反复无常，轻易违背原则，背叛他人，其气节真是比不上一位女子。

人情冷暖，世态炎凉，有谁愿意做刘苏哥？他为了凭吊这位女子，特意写下一首《吊苏哥》：

> 苏哥风味逼天真，恐是文君向上人。
>
> 何日九原芳草绿，大家携酒哭青春。

名利之路，布满荆棘，官场倾轧，趋炎附势，刀光剑影，那横列着无数血肉之体的地方，仍有人前赴后继，义无反顾。

不是有人，是大多数人，也可以说是所有人。

什么金榜题名，一展鹏程，遨游九天，都不过是别人翻手为云、覆手为雨的牺牲品。官场上的人，命运从不掌握在自己手中，而是在掌权者手中。

所以，晏殊更希望晏几道过得快乐。醉心诗词，满腹诗书，风流潇洒，如此一生，也没什么不好。

至和二年（1055年）正月，晏殊再一次病倒。这一次，他没病多久，便去世了。据《宋史》载：

> 逾年，病浸剧，乘舆将往视之，殊即驰奏曰："臣老疾，行愈矣，不足为陛下忧也。"已而薨，帝虽临奠，以不视疾为恨，特罢朝二日，赠司空兼侍中，谥元献。篆其碑首曰"旧学之碑"。

当年三月癸酉，晏殊葬于许州阳翟县麦秀乡之北原。仁宗念及君臣旧情，考虑到他的子孙和外甥还未赐官，便给他们统统赏了官职。

据《观文殿大学士行兵部尚书西京留守赠司空兼侍中晏公神道碑铭》所载：

故其薨也，天子尤哀悼之，赐予加等。……子八人：长曰居厚，大理评事，早卒；次承裕，尚书屯田员外郎；宣礼，赞善大夫；崇让，著作佐郎；明远、祗德，皆大理评事；几道、传正皆太常寺太祝。

这一年郑侠十五岁，黄庭坚十一岁，晏几道与他们是好友，大约也是十几岁的年纪。

晏几道还未好好享受与父亲相处的时光，他便去了。

这个影响了他十几年的父亲，他没想过会影响他一生。

如今，晏几道有了官职，但他一点也开心不起来。之前，凡事父亲会帮他安排，今后这路，怕是只能他自己走了。

寂寞，涌上心头；迷茫，大面积地袭来。

晏殊离世前，宋仁宗前来探望，可见他对于晏殊的重视。凭借着这一点，晏殊晚年失败时，必不会遭人白眼，不过是回忆起自己的一生来，只觉沧桑无奈罢了。晚年，他依旧是富贵身，风雅人。醒时舞文弄墨，累了安然而眠。他儿孙满堂、才俊辈出、居家和睦，这一生他知足了。晏殊写过一首《诉衷情》，记录了他当时的生活：

幕天席地斗豪奢，歌伎捧红牙。从他醉醒醒醉，斜插满头花。

车载酒，解貂赊，尽繁华。儿孙贤俊，家道荣昌，祝寿无涯。

不管如何，晏殊总算有了一个圆满的收梢。尽管他有太多悲壮和遗憾，但终究是世俗圆满，人生圆满。

所以他的遗憾，他的悲叹，才会被后人称为"无病呻吟"。人们不否认他的才学，只是不能赞同他的哀戚小调。

人生本就无法圆满，他又为何在得到中，感慨失去呢？

当人们无法理解晏殊时，自然也就不能理解晏几道。

人们羡慕天才的世界，但却从来不懂天才。天真的心灵，只会看见真相，揭露真相，无法入戏。试问，当晏几道在最初便已看透人生苍凉时，他的心又如何在冷却中燃烧起来？

再者，当他反复被灌输仕途的脏污后，又怎么会愿意跳进红尘，被脏污染着？

只是，年少的他，并不知道现实还有另外一种残酷。那便是，无权无势无钱，意味着生活的落魄。

当他体味过现实人生，决心再入仕途时，却发现人生已行至暮年，什么都晚了。

晏殊的遗憾，晏几道接上了；晏几道的遗憾，谁来接呢？

晚年的晏几道，也作了一首词，它展现的人生不及晏殊圆满，也不及晏殊般活得有人气。他变了，开始变得有气魄，有胆识。他用一生，告诉人们什么是个性的充分张扬，什么是人生的自由自在，以及什么才是老而弥笃、至死不渝的清高孤傲、遗世独立：

　　东野亡来无丽句，于君去后少交亲。追思往事好沾巾。白头王建在，犹见咏诗人。

　　学道深山空自老，留名千载不干身。酒筵歌席莫辞频。争如南陌上，占取一年春。

——《临江仙》

　　晚年的晏几道不再追思，不再悲戚，也不再纠结于世俗与自我。他张口第一句，便已一举冲天，高谈雄辩，震惊四座。

　　这世间，有几句好诗？当家人离去，朋友离去，他身边还有谁？想起往事来，他仍是泪眼婆娑。他只是像这位唐代诗人一般，或许死后可以留下诗篇，但人死如灯灭，留下了又有何用？

　　深山学道空自老，但留名千载也是不干身。他像那醉卧于繁华夜市中，但名满天下的落魄诗人一样，褪尽燥热后空留下微弱的芬芳与清冷。

　　杜甫说："千秋万岁名，寂寞身后事。"是啊，人生无论怎样活，终究逃不过寂寞地来，清冷地走。所以，在酒筵歌席中放纵吧，欢娱纵情吧，醉享好梦吧，也算得到了了点儿什么。

　　世事多冷暖，做人要有断绝世俗的豪气，用它来冲淡这世界上所有的污浊与不安。

　　他纠结了大半生后，终于又回来了。这一次，他高高山顶立，再不怀疑自己是否做错了，他只管用这豪气，把握人生最后的时光。

晏几道享受了快意人生，在晚年，也终于赢来了悠然心性。

一个人，或许只有站在生命的尽头，才能明白繁华与落寞没什么两样。这些不过是人生的两面，一阴一阳，阴阳之道，在于变，在于动。繁华后是落寞，落寞久了，又必然会繁华。如同一颗种子埋到地下，开花后结果，结果后再生根发芽。

阴阳交替，如此循环，永无尽头。然而，人生是有尽头的。所以，无论繁华与落寞，都靠不住，最终都要散去。

晚年的晏几道，没有晏殊对于家族兴旺的满足，也没有时光流逝的感慨。他站在智慧之上，心也不再被外界所束缚。

他不需要谁来接替，因为他的人生，已无遗憾。

深情浅，终不能入梦

晏殊去世后，晏家子孙中，还没有一个显贵通达之士。不过，晏几道的姐夫富弼、杨察，以及舅父王德用和晏殊身居高位的门生故吏仍照应着晏家，所以对于晏氏家族来说，此时衰败并不明显。

此时的晏几道依旧在富贵乡里沉醉着。虽然没了父亲的疼爱，但因为是晏殊的小儿子，所以得到了姐姐们和兄长们的疼爱。

他们一家人好像商量好了似的，并不急于劝他步入仕途，也不反对他的肆无忌惮，迷醉放纵。也或许，晏殊早有交代，担心晏几道一旦为官，终会连祸家族，便只好由着他的性子来。

反正，晏家养得起他这位"浪荡公子"。

可是，家人能养晏几道一世吗？当他到了娶妻生子的年纪，终是要自立门户，一人担起全家的重担。

据《永安县君张氏墓志铭》云："永安县君张氏者，相国晏元献公之冢妇、祠部郎中成裕之嫡妻也……元献薨，有三男子、四女子幼稚。夫人养毓调护，皆至成立，娶妇嫁夫。"

有人说，晏殊去世时，晏几道还很"幼稚"，据此所录，晏几道年纪确实不大。不过，据《晏氏宗谱》记载，此时的晏几道，已有了儿子。

（晏溥）其生于皇祐庚寅年（1050年），然而，据其同时代且为姻家的翟耆年《籀史》[①]记载：

> 《晏氏鼎彝谱》一卷
>
> 名溥字慧开，丞相元献公之孙，叔原之子，豪杰不羁之士也。好古文，邃于籀学，作《晏氏鼎彝谱》一卷，载所亲见三代鼎彝及器款。（晏溥）靖康初官河北，金人犯顺，散家财，募兵捍御，与妻玉牒赵氏戎服率义士力战而死。

此说法，也不可考。因为靖康时，晏溥已近八十岁，而他一生最高官职为承直郎，文官，正六品（此官很可能壮烈牺牲后追封），所以以其低职，也并不可能"散家财"。

根据王灼《碧鸡漫志》的记载，"叔原年未至乞身，退居京城赐第，不践诸贵之门。蔡京重九、冬至日，遣客求长短句，欣然而为作《鹧鸪天》"即"九日悲秋不到心"和"晓日迎长岁岁同"二首。由此可知，晏几道自动乞身引退，在晚年依旧过上了潇洒自在

---

① 《籀史》：全书以介绍金石书目为主，今所存之上卷共收书目19种。书中所载多金石款识，篆隶之体多，并非专门释述籀文。籀，音zhòu。翟耆年：字伯寿，开封（今属河南）人，生卒年不详。

的生活，直到靖康之难，国破家亡。

那时，晏几道还活着，其子近八十岁，这说法当然有些子虚乌有。

晏几道的出生，一直是个谜。像他的梦，不知何时来，也不知何时去的，唯一知道的，便是它曾经来过。

晏几道的妻子也来过，寥寥几笔，便是一生。

王靖，是晏几道的岳父。据《宋史》记载：

> （王）靖，字詹叔，蚤（十岁）孤，自力于学，好讲切天下利害。以祖荫历通判阆州、知滁州，主管北京御史台。契丹数遣横使来，靖疏言："彼利中国赐遗，挟虚声以济其欲，渐不可长，宜有以折之。"又请复明经科，加试贡士以策，观其所学，稍变声律之习。

见其资料，可知晏氏家族为晏几道所婚配的对象是书香门第、品性高洁人家。其女也必然多才多艺，知书达礼。

《晏氏宗谱》说，晏几道娶三司使王靖公女，封夫人。在《王氏宗谱》中录有王靖之女出嫁情况：

> 女三。长适丞相韩绛子宗师；次适丞相元献公晏殊子几道……

一个女人，在历史上没能留下什么，并不悲哀，悲哀的是，在丈夫心中，她也不过寥寥一笔。

她陪他度过了整整大半生的光阴，他却不爱她。晏几道把情、爱、思，统统交给了一个又一个红颜。

他不爱她的原因，不难猜测。王氏女，嫁入晏家，门当户对，本该过上衣食无忧的日子。在她的设想中，丈夫才华横溢，品性纯良，自是不会亏待她的。假以时日，他再得个一官半职，她的一生也算有了依靠和保障。谁料，晏几道虽然才学出众，但却没有一点步入仕途的心。

他贫穷潦倒，整日沉醉于诗酒，迷醉于女子的温柔乡里，面对这样的晏几道，她如何能不怨、不悲、不忿？

当她从低眉顺目变为怒目圆睁，晏几道对她也就厌了。他一生所求的，是知己，是懂他的人，是和他一样宁可受世间冷落，也不愿自降品格的人。然而，王氏女是世俗的。她的规劝，她的念叨，将他推到了门外……

把他推给了一个又一个女子。

在那尝尽人间苦处，人生百味的日子里，王氏女也厌烦了。

《墨庄漫录》①记载：

---

① 《墨庄漫录》：宋张邦基所撰。为随笔性质的笔记，内容丰富涉及范围广泛。作者平生喜藏书，有室曰"墨庄"，名故来于此。该书共10卷。

晏叔原聚书甚多。每有迁徙，其妻厌之。谓叔原有类乞儿搬漆椀。叔原戏作诗云："生计惟兹椀，般擎岂惮劳。造虽从假合，成不自埏陶。阮杓非同调，颜瓢庶共操。朝盛负余米，暮贮籍残糟。幸免墦间乞，终甘泽畔逃。挑宜筇作杖，捧称葛为袍。傥受桑间饷，何堪井上蟠。绰然真自许，呼尔未应饕。世久轻原宪，人方逐子敖。愿君同此器，珍重到霜毛。"

晏几道藏书甚多，每次搬家，王氏女很是厌烦，认为是累赘，所以发牢骚说，晏几道搬家像乞丐搬破碗。晏几道懒得与她争辩，专门写了一首《戏作示内》。在晏几道看来，这些书便是他的饭碗，他搬书时，从不觉得累，所以希望她也能像爱护她的头发一样爱护这些书。

有人认为，晏几道生活太苦，爱书太甚，做人过于迂腐。也有人认为，对于晏几道来说，书是他的一切，其妻庸俗，配不上光风霁月的晏几道。

世人，哪知这世间事，本无对错，不过是所求不同。

妻子再一次撕裂了他的生活。所以，他只能逃出家，不再听她唠叨。

他身逃，心也逃。在那黯然难归的日子里，晏几道写了一首《阮郎归》：

来时红日弄窗纱，春红入睡霞。去时庭树欲栖鸦，香屏掩月斜。

收翠羽，整妆华，青骊信又差。玉笙犹恋碧桃花，今
宵未忆家。

和凝所作《天仙子》，写的是与仙女曾经情投意合的男子，走后
再未归来。这一次，未忆家的不是阮郎，是晏几道对不期而遇的女子
心心念念。可他再也等不到她，也寻不回她，无可奈何地失去了她。

这无助的思念，让他活在了回忆中。如果，她那里有个家，该
多好。

可惜，现实切断了他的期盼。

阮郎在凡间有妻室，纵算入了仙境，仍担忧着家人的生活。他
走后，那仙境自动结界，他是永远都找不到回去的路了。

晏几道也有妻室，自从入了她的"仙境"后，尽管家人生活困
苦，他还是不想多问。

王氏女落得寂寞半生的结果，又是谁之错？她或许想过富贵荣
华，但现实告诉她，这一切不过是妄想，是一场梦。

仙女之所以被抛弃，在于他知道她活得比人久，只要他还能回
去，她永远都在，她自己有等待的资本。然而，凡人是等不起的，
时光易逝，青春短暂，所以晏几道珍惜那短暂的幸福时光。

这大概也是凡间女子的悲哀吧。遇到不爱自己的人，明知是错
的，明知时光会让她变得越来越廉价，但她却毫无回天之力。

她只能让时光，送她到白头，到终点。

无处说相思

晏几道的前世，许是一枝多情的桃花吧，所以这一世，他风流潇洒，情缘无数。他爱梦里的佳人、红颜，那佳人们也爱着他。

他入了相思门，一生痴情，却也极早地吃尽了相思的苦头。

在年轻的时候，晏几道遇见过一位女子。他与她初相见，他的心便久久不能平静。对于晏几道而言，这段感情或许不够刻骨铭心，但她却在他的心里清风朗月过。一朝别后，她成了他心里的朱砂痣，深深地印在了心头。

斗草阶前初见，穿针楼上曾逢。罗裙香露玉钗风。靓妆眉沁绿，羞脸粉生红。

流水便随春远，行云终与谁同。酒醒长恨锦屏空。相寻梦里路，飞雨落花中。

——《临江仙》

那一年，他与她在阶前相见。她与女伴们玩着斗草的游戏，裙子上沾满了露水，玉钗跟着她的脚步在迎风微颤着。他被她活泼的情态吸引。仔细瞧她，只见她"靓妆眉沁绿，羞脸粉生红"。

原来，她也在看他。她的羞，出卖了她。

此后，她的一颦一笑，便在他脑中挥之不去。"初见"是一碗毒药，一旦饮下只能任毒发作，却又无药可解。他知道，他叩响了她的心门，只是，他与她几时再相逢？重逢后，又该如何向她表白心意？

他常来与她初相见的地方，期待与她来一场偶遇，直到夜凉风起，直到有人唤一句"少爷，该回府了"才作罢离去。

思来恍如一梦。他只不过等了半日，却仿佛半生已过。假如，当时他勇敢些，寻个姓名，得知个住处，或许便不会尝尽这相思、等待之苦。

有此"遗憾"后，后来的晏几道，每遇知音佳人，定会表明心意，与之尽欢，好不再错过。只是，星汉迢迢，再心有灵犀的人，也终会分别。他只能继续相思，很想问一句，相思随她来，为何却不能随她去？

晏几道没有答案，只能随缘爱着，相思着。

她与他到底是再相逢了。这一次，他们相遇在乞巧拜新月之时。他们在穿针楼重逢，只见她依旧靓妆照人，眉际沁出翠黛。再看她的眸子，里面分明写满了空虚。

只此一眼，他便懂了。原来这些时日里，她也害了相思。

或许他们在一起过，也或许他们就这样再次离散了，不管过程如何，总之她走了，不知流落何处。问了姓名如何，要了住址又如何，人是活的，总归是要走的。

她像一个梦，相遇又离散，存在过，却终究变成了梦幻泡影。此后，他也只能在梦里寻她了。

梦里，她总会来，来世，他们总会遇见。他纵是跋山涉水，一世风雨，也要砥砺前行，然后，与她相聚。

他要让她，成为他生生世世的红颜。

寂寞的人，不甘寂寞，他们往往会把这情绪遣散到其他地方。

情是排遣寂寞的解药。依着情，依着人，那空洞的心，也便被填满了。在寂寞里，与其说晏几道爱的是某个红颜，不如说他爱上了爱情本身。

他爱桃花般的女子，也爱小家碧玉的女子，还爱婵娟般的女子。桃花有桃花的艳，碧玉有碧玉的俏，婵娟女子更是有着别样的妩媚。

世间的花品种无数，你能说，你最心仪哪一个品种吗？桂花清幽芳香，芍药艳丽富贵，水仙淡雅清静。

不同的女子对于晏几道而言，便是欣赏这不同的花。他迷醉在开花之时，也沉痛于花落之期。他珍惜过，它们却还是落了。

何年何月才能再相见？只能等下一次相遇，下一场花期。

寂寞年华里，晏几道还爱上过别的女子。他欣赏着大好春光，也欣赏着万千女子。爱情在他眼里，就是这样惊心动魄，也是那样的绵细悠长。

> 小莲受春风，日日宫花花树中。恰向柳绵撩乱处，相逢。笑靥旁边心字浓。
>
> 归路草茸茸，家在秦楼更近东。醒去醉来无限事，谁同？说着西池满面红。
>
> ——《南乡子》

这是一首写景的词。宫花烂漫，湖波微荡，花与柳，相逢了。当然，晏几道在借景写他的相遇，写那个笑靥如花的女子。

花与柳，谁说没有心，没有情？如果它们是无情的，又何必让他看出"心字浓"？他们一起游玩，一起归家，他回宰相府，她回秦楼。

秦楼，这个让女子一生也洗脱不掉罪名的地方。时光不曾远离，但他们却不能在一起了。爱情，不是相爱就好，还有身份的绑架，现实的压迫。

得到，失去，相思；相遇，离别，相思……

可是，他不后悔。回忆起过往，他写下《蝶恋花》：

> 碧玉高楼临水住，红杏开时，花底曾相遇。一曲《阳春》春已暮，晓莺声断朝云去。
>
> 远水来从楼下路。过尽流波，未得鱼中素。月细风尖垂柳渡，梦魂长在分襟处。

有时爱情，只需一眼，即使相遇短暂，仍是他生命中最美的华章。相遇是甜，相思是苦，如果可以，他愿意一直苦下去。

入了相思门的人，哪里想解脱，想挣开枷锁，明明只期盼这相思，永无绝期之日。等啊等，等到少年白头，改了容颜，忘记了时间，仍愿意为她苦撑着，不肯放下。

这执着的一念，在无声的轮回中，怎能不生生世世变为那哀戚多情的男子？

都说情刻骨铭心，谁又知道，那印刻在心上的名字，是自己一刀一刀雕饰的？如同为了爱情去文身的人，这般痴情，在欢乐中什么苦都吃下了。

相爱时，她是人间尤物，你全然忘记了人还有缺点。他日，不爱时，尤物变成废物，满眼尽是缺点。

还是同样的人，只因心境不同，时间不同，什么都变了。爱情来时，你在心上雕刻她的样子，爱情离去时，她的样子依旧是自己雕刻的。

岁月，不能洗掉刻在身上的字。唯有你放下了，才愿意抹去那字迹，让自己重新开始。

晏几道一生相思，不肯放下，不是没有原因的。

因为他爱着的、爱过的红颜，都离他而去了。老天没有给他相守的机会，他们没能走到相看两生厌的日常中去。

想必，他也爱过妻子的吧。可最终，她还不是变成了他讨厌的人？可见，再好的情，都抵不住相守。

当红颜老去，佳人不再曼妙多姿，知音歌声不再浑厚圆润……她的一切，他已熟悉得如左手摸右手，他还会爱她吗？

所以，多情的男子爱着的，始终是爱情本身。相思的，也是爱情本身。

是那爱和情产生了魔力，让他见到了别样的自己。有时，苍凉、落寞、相思，也有别具一格的意象。并非所有人，都喜欢幸福和快乐。

晚年的晏几道，还是不愿意放弃相思。回忆起曾经的往事，他写下了一首《生查子》：

关山魂梦长，鱼雁音尘少。两鬓可怜青，只为相思老。

归梦碧纱窗，说与人人道。真个别离难，不似相逢好。

关山，荒漠凄凉，因为那远在塞外的人，很难寄信回来，所以他对此地念念不忘。可惜，他等啊等，两鬓的青丝因着相思，渐渐地白了，却还是没能等到书信。

他们何时归来呢？等他们归来时，一定要依偎在他们的怀里，伴着碧绿的纱窗一诉衷肠，把所有的相思都说与他们听，告诉他们，离别之苦凄苦难耐，只有相逢才是好时光。

晚年，晏几道一直相思着。相思亲人，相思红颜，相思少年时光。红颜下落不明，亲友一个个离去，最后只剩下了他自己。

他的相思，他的念念不忘，再也不会有任何回响。

醉亦是人生

诗人大多好酒。李白酒后诗百篇，篇篇佳作，所以才有了杜甫这首《饮中八仙歌》：

> 李白一斗诗百篇，长安市上酒家眠。
> 天子呼来不上船，自称臣是酒中仙。

不仅诗人，画家亦是好酒的。郑板桥字画不轻易得到，求者拿狗肉与美酒款待，方能求得书画。他虽知这是求者投其所好，但却抵不住诱惑，所以只好自嘲：

> 看月不妨人去尽，对花只恨酒来迟。
> 笑他缣素求书辈，又要先生烂醉时。

当然，书法家也爱酒。草圣张旭"每大醉，呼叫狂走，乃下笔"，于是有了"挥毫落纸如云烟"的《古诗四帖》。

有了古人"酒"的铺垫，后人作诗、书画时，亦是爱喝上几杯。好似平时无须用功，只消醉后尽情挥洒手臂，或"畅所欲言"，便成佳句佳作。

殊不知，那挥毫泼墨间，尽是精益求精。如王羲之，虽酒后诗作"遒媚劲健，绝代更无"，完成了《兰亭序》，但谁又关心，他少年时，其字已能入木三分呢？

晏几道也爱喝酒。

他因着酒，写下了太多词作，伴着酒，度过了大半生。他离不开酒，离不开宴席。

明知佳人对谁都笑，可他却认真了。明知借酒浇愁愁更愁，可他还是愿意沉醉在那一场场歌舞酒宴里。

晏殊去世后，晏几道一直过着愁闷且潇洒的日子。愁闷是因为父亲去了，他明显感觉到了孤独，而潇洒则是他以为自己看透了人生。

既然人生来去匆匆，不如好好地醉一场。少年时，他爱酒也饮酒，那不过是以酒助兴，如今喝酒，则希望醉，醉后再不愿醒来。

有人说，晏几道在逃避现实，可在他看来，酒中的人生才是真实的。虽然酒醒后仍要面对那落寞萧条的现实，可喝了酒，入了梦，这现实也就不真实了。

后来的晏几道，结识了好友沈廉叔、陈君友。他常去好友家做客，与他们痛快畅饮，赋诗作对。两位好友家有莲、鸿、苹、云四位歌女，晏几道很喜欢她们，她们成了他的红颜知己。晚年的晏几道，回忆这一时期的生活时，写下了《鹧鸪天》：

> 彩袖殷勤捧玉钟，当年拼却醉颜红。舞低杨柳楼心月，歌尽桃花扇底风。
>
> 从别后，忆相逢，几回魂梦与君同？今宵剩把银钉照，犹恐相逢是梦中。

即使过去许多年，晏几道仍记得她挥舞彩袖，手捧酒杯殷勤劝酒的样子。她那娇嗔的声音，听得他心化了，醉了。她似乎知他想醉，所以殷勤地劝。他拼命地喝，为伊消得人憔悴。

他端起酒杯，朦胧中望着她的舞姿，他无法形容，只觉她像天女下凡，落到了他的眼前。

她一直唱，歌声婉转，唱到了扇底风消歇。他已然忘记了时间。直到他看见挂在杨柳树梢上的月光沉下去，方才从迷醉中醒来。原来，她舞了那么久？尽是为他。

他与她的缘分并不深。自那次分别后，便再无相见。后来，晏几道总是怀念那段相逢，多少次在梦里与她欢聚。酒醒后，人会散去，梦醒后，相会终归是空。他再也分不清眼前的一切，到底是真是幻。

他怕醒来，再入相思，也怕梦短，醒来后痛彻心扉。

许多年后，她与他重逢。他望着她，几乎不能辨别真实。他抚摸着她的脸庞，举起银灯仔细看她，唯恐这一切又是梦。

无妨，无妨，是梦又如何？也是莫大的幸福啊！

浮生若梦，晏几道早就看透了。

所以，为何不活得痛快些？醉吧，醉吧，他劝人们都入到醉乡里来。

> 雕鞍好为莺花住，占取东城南陌路。尽教春思乱如云，莫管世情轻似絮。
>
> 古来多被虚名误，宁负虚名身莫负。劝君频入醉乡来，此是无愁无恨处。
>
> ——《玉楼春》

任凭春愁乱得如一团行云，也休管如柳絮般的世情，所以，尽情享受当下的欢愉吧。自古以来，多少人因名利而误了此身？他劝世俗的人醒来，宁愿辜负虚名，也不要辜负自己。

喝吧，醉吧，醉乡里无愁无恨，才是心的好去处。

世人皆知晏几道痴，可哪个人不痴？

君子见机，达人知命。君子和达人，无非早已看见因果之间的必然，多一点见机和知命而已。知命，才不会鲁莽地证明自己，才愿意接纳真实的自己。

晏几道知道他不适合官场，他已预见了自己的未来。与其如此，何不豁达一些。

晏几道确实痴，但痴得看开了。

人只要活着，总要做事做人，但不合乎众人的准则，便是错的。诗人饮酒醉，致使人生落魄，后人便在一句句评论中"指点着江山"。好像，后人才是对的，那豁达、通透、天才的人生，都错了。

他们之所以醉，不过是知道清醒与烂醉本无区别。如果入梦是假的，现实亦假；如果入梦会痛，现实也在痛着⋯⋯

醉与不醉，他们都醒着。不同的是，世人只见他们醉了。

第二章

酒逢知己千杯少

春风自是人间客

功名利禄，过眼成空，沉入其中，终成困兽。

有些人不畏惧挑战，愿意打破黑暗，活成一代英雄。有些人，避免入世，更愿打造内心江山。

这心里，也有大好风光，千里江山。唐伯虎也落魄，也醉酒"桃花庵"，但却活得潇洒，活得自在。他自作诗云："不炼金丹不坐禅，不为商贾不耕田。闲来写幅丹青卖，不使人间造孽钱。"

唐伯虎不是没有才学，不是不能入世，而是在纷乱的世道中，不愿自造孽钱。

同样落魄的晏几道，一生也没能活出唐伯虎的潇洒与自在。

晚年，唐伯虎自命"六如居士"，这一称号取自"一切有为法，如梦幻泡影，如露亦如电，应作如是观"之意。临终前他又写出了：

生在阳间有散场，死归地府也何妨。

阳间地府俱相似，只当漂流在异乡。

晚年的晏几道，在词文中虽有气势，但却没有愿意随万物流转的自在。他的"留名千载不干身"，是看透后的退隐之意，并非看透后的积极入世之道。

这如同，知道是恶后，便不作恶了，却没有看到事物的反面，人还要积极行善。唐伯虎虽然也曾避世，但他终于在临终前，积极地去面对了。他要让你知道，无论身在何处，都要潇洒自在，不要再感慨万物的悲愁与凄凉。

晏殊没有教导晏几道步入仕途，还有一个重要原因。晏殊所处时代，统一而安定，所以他被称为"太平宰相"。然而，到了晏几道时期，所谓的太平，不过是苟安之局。故范仲淹、欧阳修均曾上书论时事，但却被小人所忌，还未上奏就被贬谪。

宋仁宗去世后，宋英宗继位，之后江山又落于宋神宗之手。王安石上万言书，向宋神宗推出新法。宋神宗采用了他的策略，以除旧布新，进而图治。此时，朝中诸臣反对者众多，党争日益加剧。只是，经过了变法后，救国变成误国，百姓日趋破产，流离失所。

当两派争斗时，无论站在哪支队伍中，其心力和精力必然会放到斗争中，而并非为民做实事。这样的官，做来何用？

熙宁六年（1073年），七月不下雨，人民皆无生意，东北流民日日受沙霾摧残，羸瘠愁苦，身无完衣，只能以麦麸合米而食。人民吃草根，再或者卖儿卖女，凄惨无比。晏几道的好友郑侠，为了让宋神宗见到民间惨状，因悉绘了《流民图》，奏之宋神宗。

其疏云：

> 臣伏睹去年大蝗，秋冬亢旱，以至于今，经春不雨，
> 麦苗枯焦，黍粟麻豆，粒不及种。旬日以来，街市米价暴
> 贵，群情忧惶，十九惧死。方春斩伐，竭泽而渔，大营官
> 钱，小求升米，草木鱼鳖，亦莫生遂……（中言臣辅君不
> 以道，并请罢一切敛掠不道之政）……切闻南征西伐者，
> 皆以其胜捷之势、山川之形为图而来献，料无一人以天下
> 之民质妻卖儿、流离逃散、斩桑伐枣、折坏庐舍而卖于城
> 市、输官籴粟、遑遑不给之状为图而献前者。臣不敢以所
> 闻闻，谨以安上门逐日所见绘成一图，百不及一，但经圣
> 明眼目，已可咨嗟涕泣，而况数千里之外有甚于此者哉！
>
> ——《上皇帝论新法进流民图》

郑侠一心为民，宁可得罪王安石，也愿为百姓请命，可见其品
格道德。所以，他与晏几道能成为好友，一点也不奇怪。

郑侠，字介夫，福州福清人，《宋史》有传。他自幼闭户苦学，
王安石知其名，约见他，并得到称赞。起初，他与王安石交好，后
因新法与王安石产生嫌隙。当他上奏《流民图》后，无故下狱。

熙宁七年（1074年）十一月，晏几道因郑侠《流民图》之事被
牵入狱，随后又被放出。

据赵令畤《侯鲭录》①卷四所载：

> 熙宁中，郑侠上书，事作下狱，悉治平时所往还厚善
> 者，晏几道（叔原）皆在数中。侠家搜得叔原与侠诗云：
> "小白长红又满枝，筑球场外独支颐。春风自是人间客，
> 主张繁华得几时。"裕陵称之，即令释出。

晏几道的诗，颇得宋神宗赞叹，所以释放了他。"小白长红又
满枝"，春天花开满枝，万紫千红，极尽春风盛态，也特指新法
小人在朝廷得势。"筑球场外独支颐"，晏几道在筑球场外陷入沉
思，他到底支持谁并未表达，也并未说自己支持好友郑侠。

"春风自是人间客，主张繁华得几时。"春风再美，不过是人
间过客，有什么可得意的？而当下的繁华与主张，又能得意几时？

他最终还是表达了自己的看法，想通过反问让人们心领神会。
如果之前晏几道不能入仕，那此时他更不会入仕了。王安石变法时
期，杨察、王德用离世，富弼致仕，晏殊原来门生大多属于旧党，
自顾不暇，晏几道纵是有心入仕，朝廷也无人照应。更何况，晏殊
旧党，多与姐夫和舅父相交。

当晏几道和晏承裕无意中都被牵连新旧党争中后，他更是厌烦

---

① 《侯鲭录》：宋代汉族文言轶事小说。诠释名物、习俗、方言、典实，
记叙时人的交往、品评、佚事、趣闻及诗词之作，冥搜远证，颇为精赡。赵
令畤（1064—1134）：初字景贶，苏轼为之改字德麟，自号聊复翁。著有
《侯鲭录》8卷，赵万里为辑《聊复集》词1卷。

了仕途，只想躲得更远。他此诗，意指也劝过郑侠，希望他不要太执着现实的政治。可是，郑侠是那个愿意打破黑暗的英雄，他不愿退到诗酒中去。

晏几道对于仕途也挣扎过，否则他不会"独支颐"。只是思来想去后，他愿意做个规避官场的场外人。他看透了别人的繁华与落寞，当他走向繁华，他也会考虑，自己会繁华多久。

春天来了总会走，夏天走了秋已至，如此而已。

晏几道与郑侠的友谊史上并无记载，只知他们是好友，若是相交不深，也不会被牵连入狱。在郑侠的《西塘集》卷九有《晏十五约重阳饮患无登高处》的诗句，可证明他们友谊不错：

道义相欢胜饮醪，况添流雪见承糟。

卧篱一醉陶家宅，不是龙山趣也高。

晏十五，便是指晏几道。他虽是晏殊的第八个儿子（也有说是第七子），但在家族中排行为十五。一个是疏狂磊落、纵弛不羁的才子，一个是侠肝义胆的侠士，两人一见如故，此诗中更是可以看出君子之交的高雅心境。

他们可在重阳节登高，也可在深夜畅饮，亦可书信往来交谈心事。

郑侠应该久闻晏几道的盛名的。据传，晏几道年幼时便初露锋芒，十多岁因诗句得到了宋仁宗的赏识。但仁宗吟的是哪句，史上并未记载。

晏几道虽才华横溢，却始终视功名如粪土。他一生宁愿"与二三忘名之士，浮沉酒中"，也不愿掺和于党争中。

"春风自是人间客"，已说明一切。不仅对于仕途，还包括了人生。

唐伯虎不入仕途，是为了"不造孽钱"，但他对于生活却是积极的。他画丹青、折桃花换酒钱，始终如那一树一树的桃花盛开着。晏几道却不一样，他避开仕途后，最积极的事便是与佳人把酒言欢。

唐伯虎欣赏得了寂寞，晏几道只会在寂寞、孤独中，相思着。

相思红颜，相思亲人、友人。

世人常拿晏几道和李煜相比，因为他们都是哀戚者，都有一颗赤子之心，都入了那愁肠中。但是，同为避世者、才子的唐伯虎，为何活出了洒脱？

谁都不比谁的境遇好，每个人有每个人的烦愁，只是烦愁又有何用，人还是该像唐伯虎这般，既能游览世间，也能嬉戏阴间地府。

人生在世，旷世奇才已饱经风霜，你我普通人尚能安然度日，又有何可怨？

有人问，为何与人祝福时，总是平平安安、健健康康，而不是天天发财？这便是古人的智慧。

在大风大浪、人生起伏中，能健康与平安，才是大幸事。而财富、名利，在健康与生命面前，终究是渺小的。来日大难，游戏人间；今日安乐，皆大欢喜。如此这般，才能健康、平安，我才是最自在的人间客。

谁与开颜笑

人都是寂寞的，但晏几道与知音相处时，并不寂寞。

汴京繁华，不属于他，只是红颜与知己，他却不少。

他当然寂寞，寂寞的是心，而不是他的身。寂寞的人，身处喧哗闹市，仍在一人独舞。欣赏得了寂寞的人，纵处深山老林，心境仍觉圆满。

在尘世与繁华中，晏几道每次感到寂寞时，便写诗词，约朋友，会红颜，或与之欢快畅饮，或与之红罗幔帐。

谁不寂寞，但晏几道的寂寞与心事，大多时候都有情可寄，有人可依。

或许晚年，他陷入过无人诉衷肠的苦痛中，但青年至中年期间，他一直都是喧嚣与热闹的。

有人说，治平一年（1064年），晏几道结识了黄庭坚。此记载为坊间言说，晏几道生平年谱中并未有此记载。

不论他们何时相识，他们成为知己好友，却是肯定的。

黄庭坚，字鲁直，洪州分宁人，《宋史》有传。他一生仕宦不显；工诗文，早年受知于苏轼，与张耒、晁补之、秦观并称"苏门四学士"。诗与苏轼并称"苏黄"；词与秦观齐名，号称"秦七黄九"；书法列为宋四家。

黄庭坚也爱作诗写词，其诗集作品有《山谷集》，词集作品为《山谷词》，另有作品名为《山谷琴趣外篇》。

晏几道与黄庭坚有着相同的命运，他们都少年读书，喜爱诗词，注重品格修养，且都仕宦不显。与晏几道不同的是，黄庭坚并不排斥仕途，只是归于苏轼门下后，难免跟着苏轼的人生共同起落。

同为世间才子，且都是风骨嶙峋的君子，晏几道的避世，他不能理解。所以，黄庭坚说晏几道痴。

《小山词》，由黄庭坚代为作序。因序中说晏几道有四痴，所以后来晏几道终身洗不掉痴的"罪名"。

黄庭坚看晏几道痴，站在了世俗的角度。从出世者的角度看，晏几道反而有些超脱。那魏晋时期的风流名士，从宋朝时代来看，几乎都是痴的。

他们痴在了不肯入世，不肯放下身段。可世俗中的人，谁又欣赏得了超脱者的潇洒清丽、高远绵长、傲然独立的品格呢？

人们喜欢揭面纱，期望在超凡脱俗中，找到他们最接地气、最接近人性的部分。因为在人们看来，超脱只是表象，那傲然独立的背后，说不定会有潸然泪下，几番哀叹。

以正常逻辑而言，谁不爱富贵，谁不喜名利？那些讲风度的名士，不过是拼尽全力而没得到高位，故而假装清高罢了。然而，人们不知道的是，窥得天机的人，早已放下了人间富贵名利，转而去追求无为之道了。

只是，名士也会失败，只要他没能羽化成仙，就永远会被笑"痴"和"傻"。那失败，便是人性恶的部分，人们抓住了这一点开怀大笑，哈，我就说嘛，果然如我所想，那清高是假的。

黄庭坚说晏几道痴，晏几道却并未留下辩解之词。他或许辩解过，也或许默认了。毕竟，他纠结过仕途，想却没有做，为了清高而不愿求人，这一点不能说不痴。晏几道到底没有魏晋时期名士们的风骨，他的风骨是接地气的。

黄庭坚在《小山集序》中这样评价晏几道：

至其乐府，可谓狭邪之大雅，豪士之鼓吹，其合者《高唐》《洛神》之流，其下者岂减《桃叶》《团扇》哉？予少时间作乐府，以使酒玩世。道人法秀独罪余以笔墨劝淫，于我法中当下犁舌地狱，特未见叔原之作邪！虽然，彼富贵得意，室有情盼慧女，而主人好文，必当市购千金，家求善本。曰："独不得与叔原同时邪！"若乃妙年美士，近知酒色之娱；苦节臞儒，晚悟裙裾之乐，鼓之舞之，使宴安酖毒而不悔，是则叔原之罪也哉！

黄庭坚说晏几道爱作艳词，贪酒色之娱，这是他的原罪。晏几道家虽富贵，且有家人，却因好文而掷千金求善本。这些在黄庭坚看来，当然是痴的。黄庭坚下笔虽狠，也可谓中正，晏几道将这篇代序录用在《小山词》中，可见他与黄庭坚的友谊之深。

痴不是坏事，痴表明了一个人的纯真。那世间人倒是不痴，其世故圆滑如鱼般抓不住，当然不适合做朋友。黄庭坚在《自咸平至太康鞍马间得十小诗寄怀晏叔原并问王稚川行李鹅儿黄似酒对酒爱新鹅此他日醉时与叔原所咏因以为韵》的一组诗中，写出了他们之间的友谊，也写出了他们当时聚会的情况：

> 诗入鸡林市，书邀道士鹅。
> 云间晏公子，风月兴如何。

> 春风马上梦，樽酒故人持。
> 犹作狂时语，邻家乞侍儿。

> 忆同嵇阮辈，醉卧酒家床。
> 今日垆边客，初无人姓黄。

> 对酒诚独难，论诗良不易。

人生如草木，臭味要相似。

春色挟暧来，恼人似官酒。
酬春无好语，怀我文章友。

红梅定自开，有酒无人对。
归时应好在，常恐风雨晦。

东南万里江，绿净一杯酒。
王孙江南去，更得消息否。

献笑果不情，貌亲初不爱。
谁言百年交，投分一倾盖。

四十垂垂老，文章岂更新。
鼻端如可斫，犹拟为挥斤。

士气昏风日，人嚣极雁鹅。
寻河着绳墨，诗思略无多。

晏几道是云间公子，是狂语诗人，是希望成为嵇康、阮籍那样魏晋名士的人。晏几道与黄庭坚都认为，人生如草木，所以臭味相投，是可以一起把酒言欢的知己。他们都仕途不显，好友远走他乡，也都爱舞文弄墨，可惜人生已行至中年，来日也不多了。

痴，谁不痴？酒，谁不饮？

长河冷月，是日如旧，他们在饱满的热情中体会着成灰的苍凉。凄苦风雨，笼罩了万千百姓，也笼罩着他们这帮高洁的名士。

谁人不识君？当时的天下人都不识啊！

这些君子的眼睛进不得沙子，不能成为"宰相"。因为"宰相"的肚子里，必须要能扬得起帆，起得了航。

那仕途，是属于野心勃勃、百折不挠、一心施展抱负的人。他们绝不会蜷缩在角落里，与知己互舔伤口，他们会拨乱反正、踏破铁鞋，让那繁华盛世再一次绽放。

有人追随花落，便有人追随花开。英雄牺牲自己，为救天下人。晏几道和朋友怕在世间受到污染，只好修身心。

所以世事间，哪有对错与是非。

避世者，自修品性；入世者，修众人心。两者都是为了往更好的方向发展。

有一次，佛外出化缘，身边跟着两位弟子。他们见到路边有一具女尸，一位弟子停下来埋葬了她，另一位弟子视而不见离开了。

路人见状，问佛："两位弟子，哪个是对的？"

佛曰："埋尸是慈悲，视而不见是看空，都是对的。"

所以，当众人说晏几道痴时，谁又会看到他想成为风雅名士的一面？他并非不积极，只是不积极入世而已。正如古人言："有人辞官归故里，有人深夜赶科场。"

晏几道便是那辞官归故里的人。

晏几道的人品，得到了黄庭坚的认可，他在《同王稚川晏叔原饭寂照房》中说：

> 平生所怀人，忽言共榻床。
> 常恐风雨散，千里郁相望。
> 斯游岂易得，渊对妙濠梁。
> 雅雅王稚川，易亲复难忘。
> 晏子与人交，风义盛激昂。
> 两公盛才力，宫锦丽文章。
> 鄙夫得秀句，成诵更怀藏。

至少在黄庭坚看来，晏几道是激昂的，只是他写下了太多悲戚的词句，成了"古之伤心人"。人们只能借词解读他，探究他的内心，进入他的梦境，才可知道他到底是怎样的晏几道。

其实，每个人都有激昂或孤单落寞时。人并非一面，而是阴郁与活泼的结合体。开心欢乐之时，诗词人笔下的"灵感"似乎消失了。相反，在阴郁、愁闷时，才会想起提笔写悲秋、落笔话悲凉。

晏几道在词中，留下太多哀戚、落寞之句，他的笑，反而变得珍贵起来。

他的笑是怎样的？是爽朗开阔，还是舒展眉头，嘴角上扬？抑或是开怀大笑，无拘无束？

人们不得而知。

黄庭坚见过晏几道的笑。当他们成为知己时，他们便成了彼此可以破颜而笑的对象。黄庭坚在《次韵叔原会寂照房》中写道：

《风雨》《思齐》诗，草木怨楚调。

本无心击排，胜日用歌啸。

僧窗茶烟底，清绝对二妙。

俱含万里情，雪梅开岭徼。

我惭风味浅，砌莎慕松茑。

中朝盛人物，谁与开颜笑。

二公老谙事，似解寂寞钓。

对之空叹嗟，楼阁重晚照。

世间许多"盛人物"，谁才是你值得开颜笑的人呢？是那个与你共担寂寞、一起对空叹嗟的人。

这一展颜笑，或许笑得有些悲，有些无奈，但把酒言欢之时，他们终能暂时忘却烦忧，在畅饮中放肆、开怀地大笑。

只求意气相投

晏几道富贵过，在大好的青春时光里，多了几声哀叹与悲戚。当他的家人开始面有饥色，他反而多了一些洒脱。

人大多这样，无论身处何种境地，都是喜乐参半。遥想当年宰相府的风光，座上客个个出身名门、官居高位。

在晏几道结识的朋友中，有一位本是他父亲晏殊的好友，后来与晏几道也成了朋友。据杨湜《古今词话》①所载：

> 晏元献之子小晏，善词章，颇有父风。有宠人善歌舞，晏每作新词，先使宠人歌之。张子野与小晏厚善，每称赏宠人善歌。偶一日，宠人触小晏细君之怒，遂出之。
>
> 子野作碧牡丹一曲以戏小晏曰：

① 《古今词话》：宋人杨湜所撰，文献学家赵万里先生为《古今词话》所写"题记"："杨湜此书，乃隶事之作，大都出于传闻，且侧重冶艳故赏，与《丽情集》《云斋广录》相类似。"杨湜：字曼倩，南宋学者。

步帐摇红绮。晓月堕、沈烟砌。缓板香檀，唱彻伊家新制。怨入眉头，敛黛峰横翠。芭蕉寒，雨声碎。镜华翳，闲照孤鸾戏。思量去时容易。钿盒瑶钗，至今冷落轻弃。望极蓝桥，空暮云千里。几重山，几重水。

小晏见之，凄然与子野曰（曰字赵万里辑《古今词话》补）："人生以适意为贵，吾何咎之有。"乃多以金帛赎姬，及归，使歌子野之词。

众人只知晏几道怜惜"宠人"，纵是风月场所的女子，他亦是垂爱的。然而，此时的晏几道面对宠人却脾气大得很，惹得张子野写词戏之。

张子野便是张先，北宋词人，婉约派代表人物，于元丰元年（1078年）卒，年八十九岁。熙宁七年（1074年），晏几道因郑侠被牵连入狱，那年郑侠三十四岁，晏几道大约也是三四十岁的年纪。

子野是晏殊的好友，而晏几道在自序中并未提到纳姬，所以有人便认为《古今词话》记载的应是晏殊的事，或是误载。

如若此篇记载是真实的，则更能看出晏几道的真性情。他赶姬出门毫不犹豫，"以金帛赎姬"也做得干脆。

他到底是怜香惜玉的，气过了也就罢了。

晏几道说起来，还是有得天独厚的优势。晏家书香门第，将他培养成了一代才子。晏殊宰相地位，凭借家世又让他结交了许多意气相投的好友。

若是换了普通百姓，且不说能否识文断字，纵是才华横溢，怕是也很难结交到风流名士。他们只能通过科举，或拜入某位名士门下，慢慢才能结交到有共同喜好的朋友。

努力的人，在默默耕耘，功成名就前过的是身处困顿的日子。富贵的人，潇洒放逸，如诗的生活才能处处有闲情。

蒲宗孟也与晏几道有过交际，但是不是好友不得而知。

蒲宗孟，字传正，新党骨干，晏殊门生蒲师道之子，《宋史》有传。

据赵与时《宾退录》①卷一所载：

> 《诗眼》云：晏叔原见蒲传正云："先公平日小词虽多，未尝作妇人语也。"传正云："'绿杨芳草长亭路，年少抛人容易去。'岂非妇人语乎？"晏曰："公谓'年少'为何语？"传正曰："岂不谓其所欢乎？"晏曰："因公之言，遂晓乐天诗两句，盖'欲留所欢待富贵，富贵不来所欢去，'"传正笑而悟。余按《全篇》云："绿杨芳草长亭路，年少抛人容易去。楼头残梦五更钟，花底离愁三月雨。无情不似多情苦，一寸还成千万缕。天涯地角有穷时，只有相思无尽处。"盖真谓"所欢"者，与乐天"欲

---

① 《宾退录》：南宋赵与时所撰历史轶事类笔记类著作。此书汇集作者平日见闻及与宾客所谈论的内容，宾退后笔录成编，故名《宾退录》。赵与时（1175—1231）：字行之，又字德行。

留年少待富贵，富贵不来年少去"之句不同。叔原之言
失之。

离别相思苦，人生太短促，太聚散无常。那古长道亭里的"女
子"与"年少"泪眼相看，无语凝咽，却有妇女"所欢"之意。
"楼头"两句，更是把妇女的思念之意，生动地描绘了出来。

众人所见，晏殊作了"妇人语"。晏几道见蒲宗孟批评父亲
的词，心有不甘。为父辩词，将"所欢"改为白居易《浩歌行》的
"欲留年少待富贵，富贵不来年少去"之"所欢"。其意指，众人
皆爱富贵，但却未必能得富贵。于是想回到年少，给富贵更多的可
能性，无奈人日渐衰老，时光和富贵终是无可挽回了。

有人"所欢"爱情，在爱情中感慨时光的流逝；有人"所欢"
富贵，在得不到富贵中感受到了生命的无常。主题虽同，出发点不
同，眼界也不会相同。

欧阳修《春日西湖寄谢法曹歌》诗云"遥知湖上一尊酒，能忆
天涯万里人……少年把酒逢春色，今日逢春头已白。异乡物态与人
殊，惟有东风旧相识"。

酒逢知己千杯少，话不投机半句多。既然话不投机，又何必
多言？真正的知己只一个眼神便懂了，能与你辩来辩去的终究不是
知音。

不如甩袖而去，与那"能忆天涯万里人"的人，喝一杯酒来得
痛快。

读书、喝酒、作诗、写词、论时事、赏"宠人"，占满了晏几道大部分的生活。尽管他后来落魄了，这些闲情喜好依旧支撑着他，让他活出了生命的质量。

他无论身在何处，皆有闲情；无论身处何种境地，与之交友皆是不问他人富贵，只求意气相投。

友人在时，他是快乐的，有闲情的，然而，他内心的孤独，却终究无人能懂。读书、填词、与老友把酒言欢只是生活，他的心却与生活无关。

他觉得孤独，处处悲凉。

> 天边金掌露成霜，云随雁字长。绿杯红袖趁重阳，人情似故乡。
>
> 兰佩紫，菊簪黄，殷勤理旧狂。欲将沉醉换悲凉，清歌莫断肠。
>
> ——《阮郎归》

写这首词的时候，晏几道还在汴京。

那是深秋，重阳佳节之际，他想起了汉武帝在长安建章宫所建的铜柱。那上面有铜人，以掌托露盘，承接长生不老的"玉露"。

露，已成霜。

秋天，正是大雁南归之时。他看到云中成行的大雁，将那云影拉长了。呵，汉武帝想"拉长"生命，大雁想"拉长"天边的云。

一切都是想。

算了，不去想那天高海阔的事，多看看眼下吧。绿杯红袖，重阳佳节，好友、佳人，都在啊。世间一切富贵、长生，莫不如这份温情。

它像故乡一样，给人踏实、安稳的感觉，使人想长长久久地珍惜下去。

又是想。

身佩紫兰，头簪菊黄，他过得也不差啊。他重温着旧日的富贵荣华，效仿着昨日的生活，期望能用这繁华盛景、美酒佳人换掉那失意与悲凉。

晏几道终于学会了珍惜生活和友情，但那些却不在了。他眼下只有无尽的落寞与说不尽的孤独。

清歌莫再唱悲曲了。人生已足够悲戚，再唱那悲凉之曲，人还怎么活。

肠寸寸断，心处处灰。

盛宴、友情，温暖不了他。所以，他只能借助"沉醉"，醉了也就解脱了。

这也只能想想。

闲情雅致、赏花赏月，于他人而言是闲情，于晏几道而言，悲凉已压倒一切。

他不敢回忆，却又不得不回忆。他控制不了自己，只能让自己陷入近乎疯狂的境地中。他在醉中清醒着，试图忘记那一场又一场旧日的梦。

这个世界上，没有谁完全懂得谁，也不是倾诉便能找到相知的人。很多时候，他必须自己从梦中醒来，才能接受残酷的现实，让自己看见花开花落。

每个人都是孤独的，所以才渴望同伴。同伴找不到，人只能将心一直放在寻找上，而忽视了当下的生活。

心不在，处处是荒芜；心若在，处处是花开。

认清现实很难，甘于平淡更难。然而，人偏偏要一方面能欣赏得了孤独，另一方面能甘于平淡，才能在生活的缝隙中，看见诗。

那时，什么都意气相投了。

酒中知己

酒，古人写了又写，饮了又饮，一生好杯中物的晏几道，酒几乎是他生命的全部。

前有五柳先生，能远俗，却未能忘忧。他不满士族官宦，只能不理国事，无视民生疾苦，轻实务，整日耽于宴乐。他自己每饮必醉，醉后避世，躲入自己的小世界里去。他越是清高，诗文品格也便越高，但他的不能忘忧，终是内心的负累。

竹林七贤之一的刘伶嗜酒不羁，被称为"醉侯"。他曾在建威将军王戎幕府下任参军，却因无所作为而被罢官。之后朝廷再想任用刘伶，他一再拒绝，终日沉浸在老庄之学与饮酒中。他爱酒如命，出门坐鹿车，携一壶酒，命人扛着锹跟着，曰："死便埋我。"他所追求的逍遥、无为，被后人评为消极颓废、纵酒避世的典范。

后有爱酒如命的晏几道，虽不似刘伶般饮酒不顾性命，但却如五柳先生饮了酒，也不能忘记忧愁。

他的避世，他的品格，他的诗文，也在一杯杯酒中，得到了和古人一样的结局：被后人赞了才学，批评了人生。

晏几道身边有一班爱酒的朋友。他说："往与二三忘名之士，浮沉酒中。"可见，他与好友从某种程度上来说，几乎过着与世隔绝的生活。他们爱酒、饮酒，大部分时间都是醉着的。

晏几道的好友王肱死于酒中。历史上关于他的记载，在黄庭坚的《山谷集》中。王肱（1043—1077），与黄庭坚在童子时便是好友。他们两家相亲相爱，经常聚在一起。后来，王肱沉浮酒中，因酒醉死，其年三十五岁。王肱之兄任抚州军事推官，将举行葬礼时，曰："知吾弟者莫如吾友临川晏叔原几道、豫章黄鲁直庭坚，将请叔原序其文而属鲁直铭其墓。"

黄庭坚接到邀请，岂能不为好友铭呼？铭曰：

> 呜呼力道（王肱），壮长如其初，慈孝弟友，材则多有，培德以自厚，不昌其后。壮士溺于酒，万世同流，今也何咎。我图作铭，或慰其母兄，维金石之寿。

晏几道的序文写了什么，黄庭坚并没有记录下来，但由此记录可以看出，他与王肱之间的友谊非同寻常。

他们都是爱酒之人，也都心中犯愁，试图摆脱现世负累的人。呜呼，王肱已去，且只有三十五岁。失去好友固然心痛，但这并没有给晏几道带来警醒，他依旧饮酒、醉酒，弃生命于不顾。

　　另一位与晏几道饮酒的好友是吴无至。他生平不详，只知是抚州人。关于他和晏几道的交往也被黄庭坚记录下来：

　　　　有吴无至者，豪士，晏叔原之酒客。二十年时，余屡与之饮。饮间喜言士大夫能否，似酒侠也。今乃持笔刀行，卖笔于市，问其居，乃在晏丞相园东。作无心散卓，小大皆可人意。然学书人喜用宣城诸葛笔，着臂就案，倚笔成字；故吴君笔亦少喜之者。

　　此记载，可见他与晏几道来往之密切。
　　他们都是世间落魄的人，也都是爱饮酒且期望借酒浇愁的人。心中悲愁，或许各自不同，但入了醉，便成了知音。
　　醉，是一样的。
　　晏几道珍惜着能歌能笑的人，也珍惜着眼前的掌中杯。

　　　　莫问逢春能几回，能歌能笑是多才。露花犹有好枝开。
　　　　绿鬓旧人皆老大，红梁新燕又归来。尽须珍贵掌中杯。

　　　　　　　　　　　　　　　　　　　——《浣溪沙》

　　还有一位叫韩维的人，与晏几道也有过交往。据《邵氏闻见后录》所载：

　　　　晏叔原，临淄公晚子，监颍昌府许田镇。手写自作长短句，上府帅韩少师。少师报书"得新词盈卷，盖才有余而德不足者。愿郎君捐有余之才，补不足之德，不胜门下老吏之望"云。一监镇官敢以杯酒间自作长短句示本道大帅，以大帅之严，犹尽门生忠于郎君之意。在叔原为甚豪，在韩公为甚德也。

此韩少师便是韩维。韩维与晏殊渊源颇深，常有唱和。晏殊死后，他心情十分悲痛，惋惜失去了一位难得的知己。所以，他与晏几道有来往，也属正常。不过，对于二晏，韩维更喜欢父亲晏殊，对晏几道则显得寡淡。

有人说，《小山词》中有一首《浣溪沙》疑为献给韩维的词，其词云：

铜虎分符领外台，五云深处彩旌来。春随红旆过长淮。

千里袴襦添旧暖，万家桃李间新栽。使星回首是三台。

也有人认为此词并非献给韩维的，但晏几道明显为京中宰相出知"长淮"所作，所以此词为韩淮所写的可能性很大。

韩维之前是晏家座上客，与晏殊同唱同吟是自然的。想必，晏几道幼年时，他们也曾唱和，也曾同饮的吧。只是，物是人非，时过境迁，什么都变了。

不一定是知己，才会在一起饮酒。为了高官俸禄、富贵荣华，共同饮酒者也颇多。举酒欢笑，痛快畅饮，在你来我往的敬酒中，到底有多少是真欢喜？

晏几道很少低下头来，去高攀富贵有地位的人。他躲了半生，终于鼓起勇气，找到父亲旧日好友，最终却也并未落得好结局。

他并非不善交友，只是不善与不交心的人成为朋友。而那些人，也是见不得文人的酸气，躲得远远的。

勇气通常是不顾一切地冲向未来，以期获得更高地位、更好的生活。晏几道在人到中年之际，或许一时兴气，有了勇气，却也如他所想，并没得到自己想要的。

一般来说，一个人意气振奋时，往往只会想到乐观的事，但晏几道其实是明白的，他知道自己局限之处在哪里，否则不会远离仕途半生。

只是，他想尝试一把，想祈求一个"万一"。或者说，他尝试过改变，但发现自己终究不能做个"假人"。所以后来，也就放弃了。

所谓冰炭不同炉，同炉定会双双俱焚。

很多时候，人就是这样无奈。有太多事，就这样被定下了。性格、才学、品性等，想要改变，必须要跳入火炉里炼造一番，才能在点滴中，把那心里的冰一点点融化，又不至于伤了性命。

但每个人也知道，被炭火烧烤后，冰不再是冰，而化作了水蒸气，他也不再是他。所以，你需要权衡，到底是保持自己的性格，还是为了所谓的世俗名利而改变自己？

水蒸气，一方面失去了自己，一方面又不同于炭火，这样的改变才更像个异类。他们不仅失去了本心，还无法彻底融入炭火中，终日过着没有自我的生活，如同行尸走肉。

然后，让自己陷入更大的犯愁中。

换句话说，于晏几道而言，规避世俗是最好的办法。他不能变为水蒸气，那样连晏几道也没了。

与其说，他在酒中找到了知己，不如说酒是他的知己。

酒，最懂他。知道他要醉，知道他要迷，也知道他还期望着清醒。

清颍尊前酒满衣，十年风月旧相知。凭谁细话当时事，肠断山长水远诗。

金凤阙，玉龙墀，看君来换锦袍时。姮娥已有殷勤约，留着蟾宫第一枝。

——《鹧鸪天》

他又想到了十年前的旧事。曾经父亲的旧人，都离他而去了。物是人非，谁能改变得了谁？不要再提当年了，只会让人痛断心肠。他尝试过了，也努力过了，总算对今生有了答复。

他也终于明白，他成不了炭火。他是处处悲凉的冰，透明、清冷、避世、消极颓废……

不管了，留与后人评说吧。反正，他要做自己。

因为懂得，所以放逐自我

晏几道虽爱酒如命，但到底不是酒色之徒。

爱酒与沉溺酒色之人，大有区别。将两者区别开来的不是饮酒与贪酒色的多少，而是两者付诸的到底是喜好，还是欲。

酒也好，梦也好，佳人也罢，终究是他掩盖内心失落的面纱。他太冷了，也须借物暖身，更须借物隔绝不堪的世俗。

他的心，一直如冰一般，是透明而不沾染杂质的。他不是看不懂人心诡诈，不了解世态炎凉，他只是想守着一方净土，让自己傲然独立于世。

晏殊离去时，晏几道兄弟中并无官居高位者。有人说，晏殊"子八人"，然而在《晏氏宗谱》中记载，晏殊生子九人，但三子全节从小过继给了晏颖为子，所以算是八子。

晏几道长兄晏居厚早卒，二兄晏成裕（也叫晏承裕）的一生比晏几道还坎坷。他在仕途上屡遭勒停、绌责，后又被牵连至党争

中，仕途之路因富弼的去世而结束。三兄晏宣礼、四兄晏崇礼（官
鸿胪寺卿，赠正议大夫，后因避濮邸讳改名知止）、五兄晏明远
（大理评事）、六兄晏祗德（官判太平州，赔朝议大夫），小弟晏
传正（官太平乡，知扬州，赠宝文阁学士、户部尚书），他们兄弟
虽做官的很多，但大多官位不算太高，有的还留下了骂名。比如，
四兄晏崇礼在《续资治通鉴长编》中被记载为：

> 殿中侍御史吴立礼言："知颍州晏知止新除知邓州，
> 按知止庸懦不才、贪污无耻。昨任成都府路转运使日，每
> 巡历州县，殊不以观省风俗、按察官吏为意，专务营私，
> 诛求无厌，自当投置闲散，以戒贪夫。"

晏殊一生，虽然也坎坷，但至少留下盛名，在官场上也算如鱼
得水。但是到了晏家后辈步入仕途时，党争越演越烈，他们不少都
卷入了这场党祸之争中。

有人说，晏几道如同得了特赦令，无须入世，可以得偿所愿，
欢呼雀跃地投入逍遥快活的生活中去。他的兄弟姐姐们，不在乎他
是否有心仕途，只愿他生活平静。可是，看看晏几道兄弟们的仕
途，纵是入了官场，能再显晏家荣耀也是不可能了。

他们大多如同晏几道一样，普普通通地走完了一生。

与其说他有心避世，不如说兄弟们的经历让他看到了自己的结
局。晏家纵算曾经天下闻名，官运亨通，但那份荣耀毕竟不在了。

晏几道知道，他纵算努力一生，也坐不到晏殊的地位。更何

况，他不是晏殊。

后世的人，喜欢拿晏殊与晏几道作比较，将两者诗词对照研究，试图找到两者之间的同异之处。事实上，当时的士大夫们，也喜欢将他们父子二人作比较。他们不仅对比二人的诗词，还对比二人的品性、眼界、学识等。

晏殊以神童入仕，赐进士出身，做了太平宰相。

晏几道才华横溢，却处处不及父亲，他未必不垂头丧气、失去信心。他纵是努力一生，也不过是官至宰相，成为第二个晏殊。

他不能成为第二个晏殊，这没有意义，他必须成为自己。他的避世，有魏晋风度，在当时看来这样高洁的品性，也是某种意义上的成功。

晏殊一生门生无数，门客三千。晏几道不是不能放下身段求人，只是他的祈求会让他背负上依父起家的名声。他日后纵然才学更胜，可谁在乎呢？历史上有太多这样的人，一生也甩不掉父亲这个包袱。

他不要落人口舌，所以少去求人，甚至亲戚间也极少往来。他与家人的交往，并未留下只言片语，不过从他的诗词中，也并未见到他有埋怨家人之言。

你不打扰我，我亦不打扰你。我懂你的不惧风雨，你懂我的风霜洗礼。所以，黄庭坚说晏几道痴。

何必呢？家人不就是用来彼此辅助，共富贵，同荣华的吗？

晏殊去世后，晏家衰落并不明显，其原因便是有家人的庇佑。

晏几道的舅父王德用（979—1057），字元辅，赵州人，北宋大将，有"黑王相公"之称，《宋史》有传，他身份显赫，自然护持着晏家的子孙们。

晏几道的大姐夫富弼（1004—1083），字彦国，河南洛阳人，官至宰相，《宋史》有传。他本为宰相，因反对王安石变法，被出判亳州。他拒不执行青苗法，声称"新法，臣所不晓"。当他屡次请求废除新法，也意味着他的仕途从此结束。元丰六年（1083年）富弼去世后，晏家也逐渐走向衰落。加上晏家兄弟们在朝中无人照应，官位自然不显。

晏几道的二姐夫杨察（1011—1056），字隐甫，安徽合肥人，《宋史》有传。景祐元年（1034年）甲戌科张唐卿榜中获得榜眼，除将作监丞、通判宿州。先后任秘书省著作郎、直集贤院，知颍州、寿州，开封府推官，判三司盐铁、度支勾院，修起居注。庆历元年（1041年）为江南东路转运使。庆历二年，为右正言、知制诰，权判礼部贡院，后拜翰林学士、权知开封府，擢右谏议大士、权御史中丞。后又出知信州，徙扬州，复为翰林侍读学士，又兼龙图阁学士、知永兴军。加端明殿学士、知益州。再迁礼部侍郎，复权知开封府。复兼翰林学士、权三司使。

以晏几道的才学，假如杨察后来活着，他说不定会提携晏几道。在整个家族中，唯杨察身兼的官职最适合晏几道。可惜，晏殊去世后仅一年，杨察也离世了，而那时晏几道年纪尚轻，又没有完全步入仕途，这条路也就断了。

现实就是这般残酷，它不会等你准备好，也不容你有一丝喘息的机会。再后来，晏几道家道中落，他又不善持家，整日饮酒作词，搞得自己狼狈不堪。

等他想再步入仕途，家中拥有显赫地位的亲人要么离世，要么被贬，他也只能献词韩维。

元祐元年（1086年），晏几道监颍昌府许田镇，总算有了些微收入。这一年，郑侠四十六岁，晏几道也已人到中年。

不过，他出任小官这一年，正巧王安石去世了。

王安石一直搞变法，朝廷上下一直斗来斗去，晏几道避开官场，自是不想陷于无妄之灾中。

元丰二年（1079年），苏东坡由徐州调任太湖滨的湖州，作《湖州谢上表》。他自谦过去无政绩，期望再叙皇恩浩荡，并写道："陛下知其愚不适时，难以追陪新进；察其老不生事，或能牧养小民。"

因这一句话，时御史何正臣上表弹劾苏东坡，奏他移知湖州到任后谢恩的上表中，暗藏讥讽朝政之语，御史李定也指出苏东坡四大可废之罪。由此，有了"乌台诗案"。苏东坡被捕，后又查出许多人，都有苏东坡所赠诗文，使得三十九人受到牵连。晏几道的好友黄庭坚也牵连其中，使得晏几道对仕途越来越怕。

起先士大夫们喜欢写诗，但因为文字狱可怕，才把情感移到小词当中。他们有些人为了避免直接陈述世事，开始采用梦的形式曲折地表达对现实的看法。

晏几道喜欢写梦，更喜欢言人生如梦，他一再感叹，并不仅仅入了佳人梦，还有对世事的不满。

晏几道比晏殊更善于自保。这可能是一种懦弱，但明知不可偏为之，就牺牲得毫无道理了。

他不是富弼，可以拒绝推新法，宁死坚持己见。他唯一的勇气就是面对困苦，明知这也不可为，但他为了。

在那个人心惶惶的特殊时期，晏几道的做法家人也没有什么好反对的。他毕竟不适合为官，假如他一旦为官，其性格过于刚硬，说不定会祸连家族。

有时退，谁又能说不是一种进？

知人难，自知更难。

> 陌上濛濛残絮飞，杜鹃花里杜鹃啼。年年底事不归去，怨月愁烟长为谁。
>
> 梅雨细，晓风微，倚楼人听欲沾衣。故园三度群花谢，曼倩天涯犹未归。
>
> ——《鹧鸪天》

晚年，晏几道渴望回归家乡。

残絮飘飞，心思也跟着迷蒙乱飞起来。他听到杜鹃在杜鹃花里唱，不如归去。

年年思归，年年不归，他这位流落天涯的浪子，何时才能回到晏府呢？他漂泊半生，家人也如残絮一般，走的走，衰的衰，如今回归真是奢望了。

他经常倚楼远望，朝着故乡的方向。故园三度花谢花开，他也在此停留了三年之久，但他依旧不知归期。

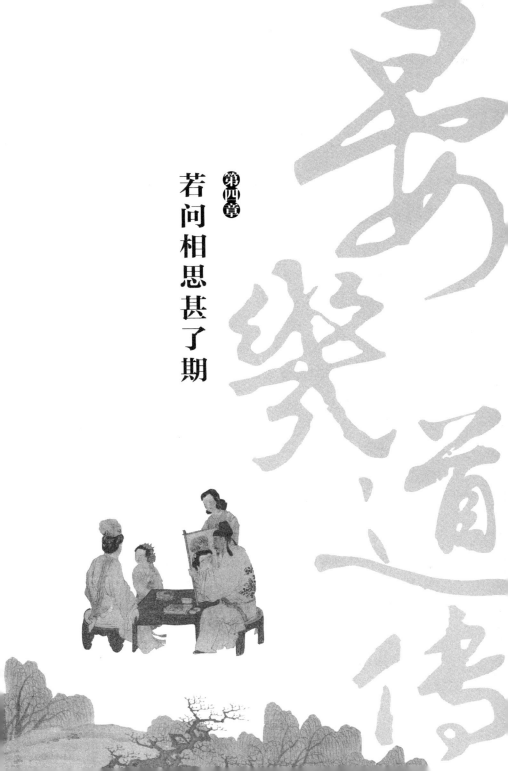

第四章

若问相思甚了期

素心不解莲

痴情之人，自古大有人在。卓文君与司马相如，唐明皇与杨贵妃，晏几道与莲、鸿、苹、云，皆是痴情的典范。

而情诗、情词，又是多不胜数。一句"愿得一人心，白首不相离"，听得已令人心生摇曳；一句"天长地久有时尽，此恨绵绵无绝期"，吟得让人潸然泪下；一句"从别后，忆相逢，几回魂梦与君同"，诵得让人悲戚不已。

毛晋在《小山词跋》中写道：

> 诸名胜词集，删选相半，独《小山集》直逼《花间》，字字娉娉袅袅，如揽嫱、施之袂，恨不能起莲、鸿、苹、云，按红牙板唱和一过。

无论古人还是今人，只要提到晏几道，便不能不提莲、鸿、苹、云。晏几道在《小山词》自序中写道：

始时，沈十二廉叔、陈十君龙家有莲、鸿、苹、云，品清讴娱客。每得一解，即以草授诸儿。吾三人持酒听之，为一笑乐。

晏几道提笔写这段往事时，已至暮年。那时，四位佳人不知去向，不知生死。他常常想起她们，想起他在颍昌时与她们欢唱的三年时光。

回忆是一道打开就合不上的门。晚年，晏几道靠着回忆过活，靠着编著《小山词》来细数点滴过往。

当他打开那一首首关于她们的词，她们仿佛又活过来了。

他恨不得与她们再"按红牙板唱和一过"。

小莲未解论心素，狂似钿筝弦底柱。脸边霞散酒初醒，眉上月残人欲去。

旧时家近章台住，尽日东风吹柳絮。生憎繁杏绿阴时，正碍粉墙偷眼觑。

——《木兰花》

那年初相见，小莲还是一个娉婷少女。她能歌善舞、色艺超群，时而轻拨琴弦，时而轻启朱唇。一开口，那清丽之声，已入了晏几道的心。

她并非水蛇腰、身妖娆的女子。她狂放、活泼、天真幼稚，还不懂得怎样与人细诉衷情，似乎也还不太懂得讨好他。

她许是第一次弹奏，第一次歌唱吧。那狂乱的筝声出卖了她。

她的心，乱了。

晏几道的心，也被她撩拨得乱了。他怕是不知道，她的乱，是因为他。他是宰相之子，才华横溢，吟着他的词，早懂了他的心。

他们欢唱了一夜，直到他发现小莲脸上的晕霞渐散，眉上翠黛也已消残。

突然，晏几道莫名地惆怅起来。酒醒人散，他该走了。

他一直无法忘记小莲。

她的影子常在晏几道脑海中浮现，她的歌声不由自主地出现在了耳边。晏几道患得患失，发觉自己对她发了痴，动了情。

她家住"章台"，又是"柳"树边，两人是不能在一起的。"章台柳，章台柳"，说的便是歌伎的身份。她如柳絮般飘摇，注定居无定所，漂流一生。

可能他们两家离得近，否则晏几道不会恨杏子成丛，妨碍了对她的窥视。她的偷眼相觑惹他怜爱，可他能给她什么？

一个是相国公子，一个是歌伎，身份的悬殊，让他们注定不能在一起。当然，晏几道有过"宠妾"，且为她赎身，但对于小莲，晏几道似乎有难言之隐。

不知许多年后，小莲是否依旧"心素"，如一张干净的素纸，纤尘未染。

无论逝去多少年华，她在晏几道心中，永远是一朵开得轰轰烈烈的莲。疯狂地摇着、撩拨着他的心。

他对她初心未改，她也是吗？

老天对晏几道到底不算残忍。

他短暂的离开，换来的是新一次的相遇。新词填好，他仍可请小莲吟唱，与沈、陈两位好友持酒听之。

> 梅蕊新妆桂叶眉，小莲风韵出瑶池。云随绿水歌声转，雪绕红绡舞袖垂。
>
> 伤别易，恨欢迟。惜无红锦为裁诗。行人莫便消魂去，汉渚星桥尚有期。
>
> ——《鹧鸪天》

再见小莲，她化了梅蕊新妆，桂叶眉毛。此时的她，不再是少女的模样，而是风韵犹存，宛若瑶池仙女。她仿佛入了云雾，舞动的双袖似白雪般轻盈翩跹。

她在舞池里，唱着，跳着，唱他的新词，为他的词编好舞步。她对晏几道极其倾心，每次都希望能给他带来快乐。

又是一夜，时光总是这样短暂。

他们何时分别的？晏几道并未说明。

只是，晏几道开始思念她了。他感伤离别太容易，快乐太少、太晚。他又写下了新的词和诗，可如何才能将这封信交在她手中呢？

牛郎织女，还有相逢时，他和她，怕是再不也会相见了。

小莲也是痴的，可她没有把握住自己的爱情。

她或许想过，一朝嫁入"豪门"，此生也便有了依靠，无论贫穷富贵，日子总算有了盼头。没人喜欢整日流连于客人之间，在强颜欢笑中度过半生。当她容颜衰败、歌喉不再、霜染白头，又该如何活？

她并非无拘无束，无忧无虑，无欲无求，她有她的考量与忧愁。

只是，晏几道不懂，她华美面具下也有落寞和苍凉。当她吟唱晏几道的词曲时，便看得出他们"同是天涯沦落人"了。他们都孤独，都渴望有个伴儿，都渴望安定下来。

或许小莲以为自己等得起，只要时间够久，他们就能一起老去。到了晚年，两人在一起互相取暖也未必不是好的结局。

只是，她忘记了人是会散的。当她的主人家道中落，她只能被迫流落他乡，过着半生漂泊的生活。

什么宰相公子，不过是过眼云烟罢了。他的富贵就像他的青春一样，错过了就不再回来。

她走了，此后再没回头。

对于晏几道来说，有了相思与痴情，也便守住了那段过往。

可是对于一个女子来说，安定比什么都重要。他们的分离，也让小莲看清了爱情是什么。她们不过是富贵公子们的陪衬罢了。

有了她们，他们的人生可以更丰富，更有味道，也更能书写大把诗篇。

晏几道在《小山词》自序写道：

> 已而君宠疾废卧家，廉叔下世，昔之狂篇醉句，遂与
> 两家歌儿酒使俱流传于人间。

不仅晏几道保不住小莲，就连她的家主也没能保住她。

他再也找不到她了。不知她流落何处，是否还住在"章台柳"，抑或许了人家？

> 手捻香笺忆小莲，欲将遗恨倩谁传。归来独卧逍遥
> 夜，梦里相逢酩酊天。
> 花易落，月难圆，只应花月似欢缘。秦筝算有心情
> 在，试写离声入旧弦。
>
> ——《鹧鸪天》

许多年过去了，晏几道手捻香笺又想起小莲来。

写什么呢？写对她的思念之情吧。正想着，晏几道题笔书写香笺，写完才发现这情无人可寄，此笺也无人可寄。

现在想起来，他只能用"遗恨"表示。他当初千不该，万不该抛下她。可是，他实在没有办法。所以，只能恨这世道，没有给他们彼此相守的机会。

人生如梦，他和小莲的欢缘，也如花般易落，月般难圆。遥想她当年扶筝的样子，晏几道不由自主地也坐到了筝前。轻拨琴弦，弹一曲当年她最爱的那首曲子，却发现那筝音再不是当年的味道。

人走了，琴还在。他只能在琴里回忆她，把那相思之情都付诸

在琴音里。可是，她能听到这相思之音吗？

"风流才子多春思，肠断萧娘一纸书"，何必有情可寄，有信可写，倘若那"萧娘"寄信来，晏几道的情肠怕是要断了。

"东风不为吹愁去，春日偏能惹恨长"，一切都不过是庸人自扰。明知这情留不住，又为何偏偏要去追思？

回不来的，一切都不可能再回来。曾经没有珍惜，此后必然要失去。

人生如逆旅，阳光明媚的时光并不太多。黑暗会不可避免地降临，并且比那青天白日漫长太久。好时光之所以短暂，是因为它有早上、中午、傍晚。早上好比晏几道与小莲，萌心初动期，等到情浓之时，也便到了中午。接着，便是傍晚了，然后黑暗来临。他们要等上太久太久的黑暗，才能迎来新的曙光。

显然，晏几道是等不来曙光的人。

纵使他可以等来阳光烛照万物，却再不能等来当初的人。所以，他继续写"浑似阿莲双枕畔，画屏中""写向红窗夜月前，凭谁寄小莲""香莲烛下匀丹雪，妆成笑弄金阶月"。

小莲，小莲，他一次次地呐喊。

晏几道望向天空，乌云一点点遮蔽过来，他的相思也一点点地冷了下去。

相思成灰，一地残凉。

问谁同是忆花人

日色散漫，人声渐消。

此时，一定会有一个人从心底浮上来。她，无关爱情，无关相思，只关那淡淡的风月。

说爱，就重了。说没有情，那便轻了。

如果非要给这感情一个定位，那便是，友达以上，恋人未满。

无论身在何处、何种境地，只要想起她，你总能嘴角上弯，像掠过浮云般温柔，也像丝绸划过指尖般缱绻清凉。

她像一枝开上枝头的花。尽管扰着你的意，但终究不会扰你的情，也不会让你陷入迷茫、焦灼的相思之中。

行人远立天涯海角，每次回忆起曾经的过往，心头若浮现她的身影，便能熨平你内心的伤口，告诉你人生所有不堪、痛苦、相思，都可以归于平静。

身虽远隔千山万水，心却那般亲近。

不见似见，何必再见。

对于晏几道来说，小鸿便是这样女子。

小鸿与小莲不同，她更成熟。她似乎不太孤独，也能认清现实。当然，小鸿亦是美的，她是歌女，歌喉清亮，舞姿曼妙。

因着晏几道在自序中写下了莲、鸿、苹、云，许多人便认为她与晏几道也是有过感情的。事实上，晏几道专门写小鸿的词远不如其他三位多，而且写小鸿时，往往会带上小云。

晏几道是喜欢小云的。两位女子经常一起出现在他面前，一位是心上人，另一位是红颜知己的可能性更大。

> 小梅枝上东君信，雪后花期近。南枝开尽北枝开，长被陇头游子、寄春来。
>
> 年年衣袖年年泪，总为今朝意。问谁同是忆花人，赚得小鸿眉黛、也低颦。
>
> ——《虞美人》

与写其他女子不同，晏几道描写小鸿时，并没有写她唱歌跳舞时的样子。他好像在淡淡地倾诉着，跟小鸿说，你看，那梅枝上的小花开了，雪融化后其他花也快开了。

东君，是司春之神，掌管着春天。陇头人，是采用了晋人陆凯梅花寄春的典故：

> 折梅逢驿使，寄与陇头人。江南无所有，聊赠一

枝春。

东君写信来了，陇头游子也来了。他们寄来了春天，这南边枝头的花开完后，北边的花也要开。

神君们寄来了春天，却也寄走了他心里思慕的人。每年这时，晏几道总会难过。他在小鸿面前落了泪，好像孩子似的寻找着安慰。

突然，他好像在自言自语，谁同我一样，是那个追忆梅花的人？小鸿听完皱着眉，低下了头。

"问谁同是忆花人"，他在问她，也在问那个让他相思的人。

她也在思念他吗？小鸿，你又思念着谁呢？

晏几道是痴情人，在女子那里却做了负心人。

他的相思，他的泪水，换不回佳人对他的误解。

他自转身那一刻起，她已心凉如水。女子在他眼里，到底是什么？他爱过她，怜惜过她，可最终还是将她抛弃了。

或许，她不曾嫌弃他的落魄潦倒，但晏几道却不能忘记自己的身份。许多人都说，他是碍于身份才没能与她在一起的。可谁又懂晏几道的苦？他的家人已面有饥色，无论如何，家里是不能再多一张嘴了。

他是宰相之子，是声名远播的才子，他当然要高高在上，不能让那女子轻看了去。

还是小鸿好。在她这里，晏几道可以暂且让心靠岸。虽然她可能不懂她的心，但她是那个愿意倾听的人。

他的相思，他的痛处，他的落寞，她不会问，也不会怨。若是换了其他女子，怕是要几番嫉妒，几番吃醋，几番白眼了。

所以，男人永远需要知己，需要红颜。

晏几道与小鸿相处的时间，说长也长，说短也短。

他们相处了三年。三年后，各自奔天涯。

三年，培养了太久的感情，一朝分别，定是一生也不会忘记。三年，太短了，短到还没有见到彼此老去，就已分道扬镳。

晏几道落魄了，有谁料到陈君龙会因疾卧家，沈廉叔也落魄了呢。

沈、陈二人将"两家歌儿酒使俱流传于人间"，从此，她们下落不明，晏几道再也寻不到她们了。

一个女子，流落民间，能做些什么？她们除了唱歌、跳舞、拨筝外，还会什么？纵算她们愿意"洗心革面"，世间男儿有人愿意娶她们吗？

这一切，晏几道不得而知。他后来思念她们，不仅仅是对她们的相思，还有对她们后来处境的担忧。

> 淡水三年欢意，危弦几夜离情。晓霜红叶舞归程。客情今古道，秋梦短长亭。
>
> 渌酒尊前清泪，阳关叠里离声。少陵诗思旧才名。云鸿相约处，烟雾九重城。
>
> ——《临江仙》

君子相交淡如水。彼此知心、相伴的三年生活里，好友和歌伎给了晏几道太多欢意。歌伎走得有些急，还来不及好好告别，仅几个夜晚便要分离了。

危弦，急奏着，像加快、加速了的时间。他多么希望时间能慢些，不要这般快。

分离，还是来了。天色微亮、霜打红叶漫天飞舞之时，好友便要踏上归程了。与君分别时，他们大有古今同慨、千年叹颂之势。

秋意浓，难离情，当君再归日，是他相思时。好友都知道，此次一别怕是再难相见，或许以后的重逢只能在梦中了。

晏几道说，自从离别后，他日夜思念着好友，常常梦见这别离的一刻。

端起离别的酒，愿友谊也如这水酒般清澈，毫无杂染。歌伎开始劝酒，舍不得离去，只好再奏上一首《阳关曲》。

她的泪，她的曲，让他心痛得无以复加。

杜甫曾经借诗词思念友人，寄托情感，并颇有才名，晏几道愿意效仿杜甫，一直思念着好友。

小云、小鸿，再见了。沈、陈二位兄弟，后会有期。

莫急，且来个约定吧。他日，我们定要在烟雾缭绕的京城相见，用相聚欢乐冲淡今日的离别之愁。

人走了，情也跟着走了。晏几道望着好友离去的方向，才发现朝阳已升起，不知这是否是团聚之象。

好友都知道，那"烟雾"任谁也冲不掉。只恨，他们没能一起等来那天的太阳。

只有晏几道一人，在阳光下孤单着、落寞着、怀念着。

他暗暗地想，还好有好友在，若是让他独自一人面对小鸿、小云的离别，他怕是早已溃不成军。

后来，晏几道果真开始写思念小鸿、小云的词。他写"归思正如乱云……孤鸿后期难到"，也写"几处歌云梦雨……锦字系征鸿"，还写"飞云过尽，归鸿无信"，依旧在写"云去住，月朦胧……泪墨成书，未有归鸿"。

他有意将云、鸿对举，一人思念她们俩。不仅如此，晏几道还寓鸿于雁，仍写她们。如"细雨消尘云未散……绿陌高楼催送雁"，又如"云随雁字长"等。

他想起小云，便会想起小鸿。小云是他心里的痛，小鸿是他的安慰。

他不知道她们身在何处，是否还在一起。他只希望她们过得好，好捎个信儿给他，让他放下心来。

雁是她，云是她，她们也在抬头望天吗？

暮霭沉沉，往事也一再被压缩，最终入了彩色的梦里去。晏几道在梦中追逐着往事，却又不得不一次次地从梦中醒来。

往事难追，暮色越来越浓，最后连梦都变成了黑色的。

他在黑暗里，一直寻摸着，试图找到她们。他问："问谁同是忆花人？"

她们也想他了吗？

晏几道没有听到回答。一定是小鸿又皱眉了！

是不能想，还是没有想？晏几道知道，他与小鸿是红颜知己，他们没什么不能想的，那小云呢？

嫁了人吧？

日色散漫，人声渐悄。有些人，纵是入了梦，仍是相遥万里。

只能，似见不见。

落花人独立，微雨燕双飞

"落花人独立，微雨燕双飞"，这一句常被后人称赞。谭献在《谭评词辨》中说："名句千古不能有二。结笔，所谓柔厚在此。"杨万里①在《诚斋诗话》中赞曰："可谓好色而不淫矣。"

句、情、境三者，晏几道都占了，所以后人也说他的词语浅意深，有回肠荡气之妙，晏几道殆过其父。

在这首人人称赞的词中，有一位女子走了出来。晏几道为她写过许多词，每一首都写尽了相思之情。

她是《小山词》自序中的"苹"，一位微笑尽妖娆的女子。

时隔多年，晏几道仍不能忘记初见小苹时的场景。他在友人家饮酒听歌，她一出现他便被她的才情惊艳到了。他只见"小苹微笑

---

① 杨万里（1127—1206）：字廷秀，号诚斋，吉水（今属江西）人。著有《诚斋集》《诚斋诗话》。

尽妖娆，浅注轻匀长淡净"。

她不仅会弹琴唱歌，还极具风韵，像一颗长熟了的桃子，只待人轻轻地咬上一口。情，破心而出，晏几道不能控制自己，让那恋慕的心在宴会上一直流荡着。

"桃之夭夭，有蕡其实"，形容小苹再贴切不过了。她沉甸甸的，像承载着晏几道的幸福，让他对未来的生活多了些憧憬。

> 梦后楼台高锁，酒醒帘幕低垂。去年春恨却来时。落花人独立，微雨燕双飞。
>
> 记得小苹初见，两重心字罗衣。琵琶弦上说相思。当时明月在，曾照彩云归。
>
> ——《临江仙》

他第一次见她时，她穿着两重心字香熏过的罗衣。"一身绣出，两同心字，浅浅金黄"，欧阳修替晏几道解释了此句之意。

两人一见倾心，"心字罗衣"已说明了一切。许是碍于友人，许是碍于世俗，他们并没有光明正大地恋爱。所以，只能"琵琶弦上说相思"。那无尽心事，信手续弹，弹与君听。

他们不仅在宴会上诉相思，倾心事，还私下里相会、幽欢了。

她叩响了晏几道的心门，晏几道又怎会不去叩小苹的房门？

小苹，你做歌伎多久了？疲累吗？遇到过几个情投意合的男子？我这半生，心忧寂寞，虽红颜佳人不少，但青春易逝，她们也被时光带走了。

所以啊，我们要珍惜这来之不易的感情。

"小蕖若解愁春暮，一笑留春春也住。"没有人能读懂时光，也没人能参透轰轰烈烈的春里有愁。小苹若能读懂春天，也便能参透他们两人的结局。

有些事，一开始便注定了结局。如果小苹似桃子，长在树上，那么她熟透后注定要落下来。如果她已被端上宴会，也注定被命运吃掉。

她看不懂春的愁，也不知道短暂的相聚过后便是离散。

他和她，散了。晏几道记得他们在月下闲谈，月光落在她身上，照着她如彩云般的身影，美得似天上的神仙。

如今，那月依旧在，她的身影却再不能回来。

自小苹流落民间后，晏几道几次梦到自己回到了他们欢宴的地方。楼台朱门紧锁，门庭萧条落寞，他没能等来小苹。

人去楼空，梦也是空空的。

酒醒后，晏几道才知道刚才做了个梦。可即使在梦中，为何还是他一个人。他在寂静阑夜里，感到空寂。他太空了，像佛入定，体会到了人我双空的境界。

他到底是放不下，不一会儿便从"空性"中出来了。他开始"春恨"，恨这春残时节，情思一次次涌上心头。

"落花人独立，微雨燕双飞。"晏几道孤独着，一人久久地站立在庭院中，望着飘零的落花，又见到燕子在霏微的春雨里，成双成对地飞来飞去。

"去年今日此门中，人面桃花相映红。人面不知何处去，桃花依旧笑春风。"当年，崔护也是久久伫立门外，临去时，提笔在门上写下了这首《题都城南庄》。

墨迹淋漓，崔护的心也跟着落泪。他为她写诗，不为别的，只为日后她能看见，明白他对她的心意。

人死不能复生，崔护永远地失去了她。

人走茶凉，落花成尘，晏几道也永远地失去了小苹。

桃花笑人痴，春风笑人迟，他们都知道"一笑留春春不住"，

能从季节里醒过来的，一醒就夏天了。

落花人独立
微雨燕双飞

思，事实上，他还写过佳人对他

时，不知他与小苹是否已经分

开始幻想她的生活时，他已经在思

起身，在慵懒梳着青丝。或许是，

头垂泪，思念远方的他？

小苹，便会幻想她此时在做什么。想着想着，他落墨　　　写下了女子的幽怨。

初撚霜纨生怅望。隔叶莺声，似学秦娥唱。午睡醒来

一晌。双纹翠簟铺寒浪。

雨罢苹风吹碧涨。脉脉荷花，泪脸红相向。斜贴绿云

新月上。弯环正是愁眉样。

——《蝶恋花》

在晏几道的幻想中，小苹正手执白纨扇，无语凝思，怅然地怀想着什么。许是在思念他，也许在感伤春天易逝吧。

她也是一个人，在空荡荡的房间里哀思着。小苹本已寂寞难耐，偏偏又来了"隔叶莺声"，撩得她心意更是乱了。

午睡醒来，她身子懒懒的，娇困无力。那铺在床上的双纹翠席，清凉地平展着。许是为了解乏，她决定出门走走，在细雨中看那水中的荷。微风吹来，碧水新涨，脉脉荷荷，泪脸红向。

是这雨，给荷添了泪。它像是在诉说什么，未语泪先流，听到荷心事的人，又怎能不为之黯然神伤。

小苹到底听到了什么？

新月弯弯，犹似小苹的愁眉。已经是晚上了，小苹还未从荷的故事里走出来。

晏几道试图猜她心事，解她疑惑。他暗暗地想，那荷一定跟她说，它的泪，是因为思念着另一朵荷。它们本来彼此倾心，两两相映，谁知那荷叶将它们生生分开，惹得它们再不得相见。

荷的心事，便是小苹的心事。山长水远，她再也找不到他。

他们错过的不是一段情，是一生。

他们都是"人独立"，看燕"双飞"，或看"双"荷。

康有为说，这是华严境界。《华严经》是大乘佛法，已无所谓这是不是有缺陷的世界。一真法界，重重无尽，万法自如，处处成佛，时时成道。这是佛在成道后，在菩提树下对文殊、普贤等大菩萨所讲的经典。

当晏几道"人独立"时，人生已经有了缺陷，自然不能算达到了华严境界。他有重重无尽的遗憾与相思，但却不能自如解脱，离成佛成道更是相差甚远。

与其用华严来形容此境界，不如用唐朝高僧寒山的诗来说一说晏几道的处境："月尽愁难尽，年新愁更新。谁知席帽下，元是昔愁人。"

经年以后，晏几道虽悟到人生如梦如幻，却还是没有放下情。且不要说大乘修行，纵是小乘修行他都没有做好。

"落花人独立，微雨燕双飞"，多希望晏几道能转身，在微雨、落花中，潇洒地离去。管它燕双飞，还是春愁尽。

朝云信断知何处

旧日时光，在回忆中不曾老去。昨日故事，在心里也从未变了情节。当初恋慕的人啊，纵是隔了光阴也未曾变过容貌。

很长时间里，旧人旧事一直被封印着。直到某一日，你所看所想突然连接了曾经的记忆，它们瞬间喷薄而出。

思念、相思，即刻涌来。你控制不住，把握不住，只能被曾经的人和事牵绊着。

你一直以为自己是人生的主角，在那一刻你突然发现，自己不过是个配角。

当它随着光阴再次溜走，前尘往事仿佛从未存在过。那颗汹涌澎湃跳动过的心，好像也一直这样平静。

它真的那般热切地为她跳动过吗？

真的，真的，它为了她跳动过。

晏几道遇到小云的时候，他心动了。小云是个年轻的女子，不似小莲般天真，也不似小苹般风韵成熟，她轻盈、气韵不凡、品格高远。

在小云身上，晏几道看到了清媚，看到了不被风尘浸染的心。万事万物在小云面前失了颜色，沦为陪衬。

白居易在《琵琶行》中形容女子："千呼万唤始出来，犹抱琵琶半遮面。"晏几道初见小云，也有"半遮面"之感。

她还未出现，他的眼里只有她了。他的才学，他的贵公子身份，在她面前似乎统统失了颜色，就连他自己也"失去"了。

他问她家住何处？他当然知道她家住何方，他只是想说，她美得好似不像凡间人。

　　非花非雾前时见，满眼娇春。浅笑微颦，恨隔垂帘看未真。

　　殷勤借问家何处，不在红尘。若是朝云，宜作今宵梦里人。

　　　　　　　　　　　　　　　　　　——《采桑子》

没有办法，她一出现，晏几道便沦陷了。她的美，占据了他的心，让他寝食难安，就算小云在他面前，晏几道仍不敢相信眼前是真实的。

他只能去梦里寻她，因为她不是人间俗物。

这样的女子，让晏几道如何不动心，如何不想念？之前，碍于友情，碍于种种原因，晏几道顾及过。但是在小云面前，他什么也顾不得了。

他必须勇敢地踏出那一步，向她表白，倾吐真心，让她完全属于他。因为小云是无可替代的，而爱情更是值得追求的。有些女子如盛开一季的花，欣赏过、喜欢过、爱过，就算了，而有些女子，则能盛开一世。

也正因此，她才成了人间圣物。晏几道将小云捧得有些高，虽然四位女子在他的笔下平分秋色，但在他心里，他将小云看得似乎更重一些。

小云在晏几道的生命中，并不是匆匆的一笔注脚。她的浅笑微颦陪伴了他的后半生，让他后来一直活在回忆里。

当然，晏几道也回忆其他女子。每次回忆起来，他能记得她们的欢笑弹唱、曼妙舞姿，而关于小云，他记得的全是他们相处的时光。

> 长因蕙草记罗裙，绿腰沈水熏。阑干曲处人静，曾共
> 倚黄昏。
> 风有韵，月无痕，暗消魂。拟将幽恨，试写残花，寄
> 与朝云。
>
> ——《诉衷情》

他们有了约会。

蕙草，是相思之草，所以后来晏几道看到此物，便想起了"罗裙"。那"罗裙"是她，是窈窕淑女，是品韵高远的小云。

晏几道记得，在夕阳微抹、寂静无人的黄昏里，在幽径曲廊、阑干的尽头，他和她依偎在一起，目送斜阳，互吐心声。

时光，请慢转；容颜，请慢老；情人，请慢些走。在那一刻，他们相信有情人可以地久天长、与子偕老。那金色的夕阳，给他们的身上、心上，都镀了一层金，似乎人也变得刚毅了许多。

这是他们的铠甲，如同这一段如春水般的情，柔柔的，暖暖的。

晏几道虽未被惊涛骇浪的现实击溃，却被分离击碎了心。回想这一段往事，这一段相知相许，谁又能料到这世间多的是生死契阔，少的是执手一生。

夕阳，是不能温暖他们的爱情的。

自他们分别后，晏几道一直沉湎于逝去的美好中不肯清醒过来。或许，他对她做出过承诺，要与她在一起一辈子。所以，也只有回忆才能将他们紧密地连接在一起，好证明他们从未分开过。

他从微风中体会她的"韵"，从月光中寻找她的"痕"，可去哪里寻找她的"心"？当她远去，她的风韵可以在回忆里找到，她的倩影可以在梦中寻回，她的爱，她火热的心跳又要去哪里寻找？

纵算入了梦，她仍是如幻的影，他伸手，摸不到那颗心。

风月依旧，她已远去，晏几道只能在风中踯躅，月下徘徊，暗自销魂。为什么会变成这样？晏几道明知注定离散，为什么还是不能释怀？他带着幽恨，带着爱的恨，蘸饱了笔尖墨，"试写残花，寄与朝云"。

飞吧，飞吧，让这写满相思的残花飞到高处，飞到远方，意追朝云去。

最好把它们带给小云，让这残花摸一摸她的心跳，并告诉她，他是怎样地思念她。

有人说，这首《诉衷情》是写给鸿、莲、苹、云四个女子的，不能确定是写给小云的。但以晏几道作词习惯，喜欢"双关"的风格来看，此词写给小云的可能性很大。在《二晏研究》中，作者认为这首词毫无疑问地归到了小云身上。在《二晏及其词》里，关于《小山词》研究中，研究者也将"朝云""鸿"等字眼的词，归到了小云和小鸿身上去。所以，大致可认为这首词写的便是晏几道与小云相处的往事回忆。

小云在晏几道的心里，一如那撒了金的夕阳，虽然无限好，只是近黄昏。那夕阳一点点地落下去，他的心也像抽丝剥茧般，一寸寸，一丝丝地被抽离出来。

心跟着沸腾了，起伏了，那丝也几乎被抽殆尽。夕阳是他的铠甲，蚕茧是他的藏身之处，如今他什么都没了，完全将自己热烈的心暴露在了阳光之下。

梦要几番追，痛要尝几回，才能让他手中的丝线牵回小云？

可惜，丝线太短，在偌大的尘世中，他终于丢失了她。

既然是晏几道亲自送她走，那么他也想将她亲自寻回。

那一年，晏几道来到了他们曾经饮酒作乐的地方。他试图通过去触摸墙壁，触碰她的气息，却突然发现，原来现实是如此不堪一击。

什么都变了，跟他的心一样。从激情澎湃到怅然若失，再到沉郁痛苦。

她头也不回地走了，带走了那片园子的春色，带走了他生命的一部分，也带走了他的影子，他的心。

> 秋千院落重帘幕，彩笔闲来题绣户。墙头丹杏雨余花，门外绿杨风后絮。
>
> 朝云信断知何处，应作襄王春梦去。紫骝认得旧游踪，嘶过画桥东畔路。
>
> ——《木兰花》

晏几道来到院子内，看到秋千摇曳着，帘幕低垂下来。暮色苍茫，帘幕重重，他的心也跟着重了几分。

他说，在这种环境中居住的佳人，孤寂无聊，无以解忧，便用彩笔题绣户。这似乎是当年的小云在打发无聊的寂寞时光的趣事。晏几道能想象到，她彩笔题诗，等他唱和的样子。正想着，他仿佛看到了旧日的小云，直到秋千摇曳，才把他从昨日的场景中摇醒了。

原来，他并没有看见小云，只看见一枝红杏出了墙头，几树绿杨飘了白絮。晏几道和小云都是四处飞扬的白絮，随着命运的安排流水般地漂泊着。

不是我送你走，也不是我来寻你，完全是命运在安排着你我。我们都做不得命运的主，如这白絮般无力，连挣扎的力气都没有。

昔日，楚怀王游高唐，在梦中与巫山神女相遇。神女自荐枕席。后来宋玉陪襄王游云梦时，宋玉为追述其事，写下了《高唐赋》和《神女赋》。此后，"巫山神女"遂成为男女欢好的典范，被后人千古传颂。

小云走了，音讯断了，如飞逝的朝云，不知她如今身在何方。巫山神女可"自荐枕席"，请君入梦，为何晏几道心心念的小云，却不能给他一场梦呢？他多想自己是襄王，随着神女的好梦归去。

晏几道曾骑骏马，来到这秋千深院，与小云幽会。来得次数多了，骏马已识归途，嘶叫着跑去了画桥东边路。

马尚识路，况于人乎？

晏几道认得这条回来的路，他的小云呢？

朝云信断知何处？他追慕着她，不愿意相信往事凄凉。因为信了现实，就等于连梦也没了。

梦，是晏几道活着的证明，是他最美的故乡。

门内满眼凄凉事，门外杨树飞絮，那一道叫作命运的墙，就这样将他们隔开了。

一声叹息未落，人生已至苍茫。

清人沈谦①在《填词杂说》中如此评价《木兰花》：

---

① 沈谦（1620—1670）：明末清初韵学家，字去矜，号东江子，浙江仁和（今杭州）人。"西泠十子"之一，著《东江词韵》《东江集钞》《填词杂说》等。

　　填词结句，或以动荡见奇，或以迷离称胜，著一实语，败矣。康伯可"正是销魂时候也，撩乱花飞"，晏叔原"紫骝认得旧游踪，嘶过画桥东畔路"，秦少游"放花无语对斜晖，此恨谁知"，深得此法。

黄蓼园在《蓼园词选》①中也赞了这首词：

　　首二句别后，想其院宇深沉，门阑紧闭。接言墙内之人，如雨余之花；门外行踪，如风后之絮。后段起二句言此后杳无音信，末二句言重经其地，马尚有情，况于人乎？

呵。情至深处，不能自控。

无实，不过人生无实；马尚有情，是因为那人，最无情。

当年，小云手挥五彩笔，为他写词。今日，他不过是在与她的寂寥唱和罢了。一想到小云，什么佳句也能写出来了。

当他跟着骏马一起离开这深院，前尘往事也被封锁了。他那颗汹涌澎湃跳动过的心，此后将如那深院，永远沉郁下去。

直到那沉郁的心，也归于平静。

此后，世间再无晏几道，他也终于忘记了小云。

_____

① 黄蓼园：黄苏，清代词评家，生卒年不详，原名道溥，广西临桂(今桂林)人。其主要成就是编辑了《蓼园词选》，共选唐宋词人88家，计213首。

红颜暗与流年换

晏几道到底算不算是痴情的人。若说痴情，他有太多红颜；若说不痴，他偏偏又害了相思病。

他是痴情又多情，风流又专一。

在历史上，红颜知己太多的男人，大多会留下不好的名声。毕竟，遇到用情至专的男子，才算遇到了良人。若是有了你，还偏偏想有她，那就算不是陈世美，至少也是司马相如、李亿、朱放之辈。

他们因种种原因，离开了心爱的女人，转瞬就拥有了其他女子。世间多少男儿，负了佳人意？

晏几道和柳永，以及后来的纳兰容若，一生都算是遇到好几位情投意合的女子，但终生都有一个好名声。

女子们，并不讨厌这三位男子，反而愿意沉浸在他们哀伤、悲痛、沉郁的小词中。

若要追究一番原因，不过是因为，那些女子们没有留下只言片语。若是他们身边的女子，也是卓文君、鱼玄机、李季兰这样的女子，那么这些男人怕是要留下些负心的骂名了。

你的痴情，我们看到了，但也不能否认，在红颜中流转，确实负了佳人意啊！

在晏几道的一生中，他遇到的佳人实在很多。除了莲、鸿、苹、云外，还有小梅、小杏、小琼、小谢等。

莫怪命运对晏几道太残酷，其实他若懂得珍惜，总能守住一个红颜相伴到老。可惜，在他的命运随着时光流转的同时，他的心也暗暗地把红颜换了个遍。

他写小梅，"种花人自蕊宫来，牵衣问小梅""小梅风韵最妖娆，开处雪初消"；写小杏，"小杏春声学浪仙，疏梅清唱替哀弦"；写小琼，"小琼闲抱琵琶，雪香微透轻纱"；写小谢，"玉箫吹遍烟花路，小谢经年去"；写玉真，"玉真能唱朱帘静，忆在双莲池上听"。

虽然有些使用"双关"，看似写景，但却写了美人儿。不过，就这些词句可以看出，她们大多是风尘女子。与其说晏几道爱上了她们，不如说欣赏她们，怜爱她们。

这也是为什么很多女子对柳永和晏几道恨不起来的原因。因为在他们笔下和心中，女子永远可爱美丽，极尽妖娆。

他们是世间最懂女人心的男子。这样的男子，纵是身边红颜无数，但每一位女子都会认为，自己在他们心中，与他人不同。

在世俗男子眼中，女子本是俗物，纵是美，那美也带着欲。然而，在才子眼中，你可以尽情地妖娆、放纵，那美中永远都带着欣赏，纵然沾了欲，但到底有了情。

宋神宗元丰五年（1082年），晏几道在颍昌府任官。这一年，他踏青游玩，被赏春的女子吸引了去。

不知不觉，他追上了她的脚步，跟着，走着，然后就来到了"花下朱门"前。

> 　　楚乡春晚，似入仙源。拾翠处、闲随流水，踏青路、暗惹香尘。心心在，柳外青帘，花下朱门。
>
> 　　对景且醉芳尊，莫话消魂。好意思、曾同明月，恶滋味、最是黄昏。相思处，一纸红笺，无限啼痕。
>
> ——《两同心》

暮春时节，晏几道在郊游踏青时，恍如进入了桃源仙界。他拾翠羽、采鲜花，跟着流水的方向悠闲地往前走。

春光妖娆，晏几道忘却了所有的寂寞。他的心似这轰轰烈烈的花一般，大片大片地开了。他有意走得慢些，好体会这大好春光，以及那泥土特有的芳香。他细嗅，也是不经意间，一股宝马香车留下的淡淡芳香入了鼻息。

是谁，在撩动晏几道的心？他想，有这脂粉香的也只能是女子了。突然，他春心荡漾，期望能够一睹女子芳容。

晏几道追着那香气。

不停歇，不见她誓不罢休。

他的心，就这样被牵着。一直走，直到他来到花树下的朱门绣户前。

"柳外青帘，花下朱门"，已讲明她是位歌伎。她的身份，注定能够满足晏几道的所有的好奇与幻想。

她与晏几道对着芳景畅谈，也与他借着美酒来助兴、浇愁。说到愁，晏几道紧张起来。他太愁了，来寻她本为解愁，所以且不说那销魂的离愁了吧。感谢你的美意，咱们还是共赏一轮明月，共享这大好春光吧。

离愁，还是来了。

不过，这是属于晏几道和她的离愁。明月下共饮共眠，自然而是美好的。可次日黄昏，他也便要离去，想到这些尽是"恶滋味"。

你知道吗？你会懂我吗？我们一别后，我是会相思你的！纵是天上人间，永无见期，我也依然不会忘记你！

春景见证了你我的相逢，明月见证了你我的相知，日后怕是只有那相思的笔墨、信笺、满袖的泪痕来证明我对你的情了。

有些相遇注定是一生一次，一期一会。

晏几道羡慕襄王的枕头，可襄王的好梦能做多久？人生最长不过三万天，这个数字对于神仙，却不过是弹指一挥间。

我们的一生一世，也不过是神仙的一期一会而已。

对于大多数人而言，情是生命中的一部分。但对于晏几道而言，情几乎占满了他的生命。

他虽不曾为爱冒险，但却一直为情痴狂。

他爱的到底是什么？是红颜吗？是靓丽的佳人吗？都不是。他只是中了情毒，找不到解药，不能自救而已。

他看到了别离之愁，相思之痛，却还是甘愿把自己交给情。其实，只是寂寞罢了。所有对爱的渴望，都是在排遣寂寞，打发哀愁，哪怕会换来更为沉郁的痛苦。

因情而寂寞，因寂寞而生情，还真是个死循环。

女人终其一生，能存到心里去的男人不多。可是男人就不一样了。他们对酒当歌、对月小酌时，往往喜欢以拥有多少女子为荣。过去的女人，现在的女人，相思的女人，伤害过的女人，经历越是丰富，越能彰显自己的能力。

假如他们是才子，他们还喜欢用诗词将这些往事记录下来，以此来证明自己的深情。不是我负了佳人意，实在是我有我的不得已。你看，我还不是想着你恋着你吗？

所以，世间事，唯有情最难说得清。

晏几道以"情"，以"痴"著称，纵算有些喜新，但他并不厌旧。不得说，他有他的专情，但也不能忽略他的情到底是多了些。

晏几道和柳永到底是不同的。

柳永一生穿过烟街柳巷，忍把浮名，换了浅斟低唱。他的"衣带渐宽终不悔，为伊消得人憔悴"，有沮丧的离愁，也有仕途不畅的失落。他与伶人、歌伎常往来，更多的是一路欢歌，在怜爱歌伎命运的同时还怜惜着自己。

无论柳永一生遇到多少女子，他们的心都是敞亮的。女子们当然也懂，他的怜爱与情的关系不大。

晏几道却像个孩子。他的多情，他的痴，很难让人生怨。卿本不风流，只是需要些慰藉罢了。

你能奈他何？口诛笔伐一番吗？于心不忍，只好随他去罢。

长相思，长相思。若问相思甚了期，除非相见时。

长相思，长相思。欲把相思说似谁，浅情人不知。

——《长相思》

相思到底是一种怎样的滋味？若是没有长久地相思过，这相思之情是不能说给你听的，薄情寡义者更是不能体会。

若问相思"甚了期"？晏几道说，只有相见时。

宋徽宗大观年间时，趋于晚年的晏几道写下了这首《长相思》。他在《小山词》自序中写道："考其篇中所记悲欢合离之事，如幻如电，如昨梦前尘，但能掩卷怃然，感光阴之易迁，叹境缘之无实也。"

感叹虽感叹，明了归明了，但他这相思，却还是真实般地存在着。那易迁的光阴走了，但没有带走他的相思，他的哀愁。他没有看到相思的"无实"，这一点痴心，在他心中生生地长成了参天大树。

少年时，晏几道的相思，那么轻，那么淡，像天边的一朵云。那时的他，相思里都带了青草香。晚年时，晏几道的相思，那么重，那么沉，像长满老茧的生命。这时的他，相思里只有无尽的凄凉，满眼的寸肠。

这沉重的相思，像那化作望夫石的女子般无望凄惶。不知这是一种怎样的味道，形容不出，感受不到。

碧草池塘春又晚。小叶风娇，尚学娥妆浅。双燕来时还念远，珠帘绣户杨花满。

绿柱频移弦易断。细看秦筝，正似人情短。一曲啼乌心绪乱，红颜暗与流年换。

——《蝶恋花》

春色易逝，红颜易老，人情又能有多长久？

情入梦，唯那痛最真。

第五章

人生如梦，梦是人生

眼前事，甚分明

打开《小山词》，就像是打开了晏几道一场又一场梦的故事。在这些故事里，有"梦中""梦后""梦回""梦觉""春梦""夜梦""虚梦""残梦"，也有"秋梦""鸳屏梦""巫峡梦"，还有"桃源梦""蝶梦""高唐梦""阳台梦"。

《小山词》中，共有260首词，其中"梦"字出现过59次，梦词有70首（也有说57首，因为有些词被认为是伪词）之多。他不仅爱做梦，更视人生如梦。

他是宰相之子，中年"家人寒饥"，现实的落魄，难免让他逃到梦里去。当佳人离去，他渴望追回曾经失去的情，渴望与佳人在梦中相见，梦更是成了他生命中不可分割的一部分。当"乌台诗案"发生，党争越演越烈，不仅晏几道，当时的士大夫们也大多不再写诗。

苏东坡在《答秦太虚七首》之四中说：

但得罪以来，不复作文字。自持颇严，若复一作，则决坏藩墙，今后仍复衮衮多言矣。

在《与沈睿达二首之二》中，他又说：

某自得罪，不复作诗文，公所知也。不惟笔砚荒废，实以多难畏人。虽知无所寄意，然好事者不肯见置，开口得罪，不如且已。不惟自守如此，亦愿公已之。

由此，苏东坡、秦观、黄庭坚、晏几道等人，开始作"小词"，以此来寄寓心声。

作"小词"，是一种逃避，也是一种避开政治的好方法。然而，为了让"小词"不被"好事者"造成误会，他们又开始用梦的曲折形式来感慨世道和政治。不仅晏几道，苏东坡也写了大量关于梦的词，比如"世事一场大梦，人生几度秋凉""梦中了了醉中醒""身外傥来都似梦"……

晏几道受郑侠牵连入狱，又因文字而被救出，对于文字的利害，晏几道自是深知的。他不仅不能入仕，就连诗也作不得了。

眼看飞雁手携鱼，似是当年绮季徒。仰羡知几避缯缴，俯嗟贪饵失江湖。

人间感绪闻诗语，尘外高踪见画图。三叹绘毫精写意，慕冥伤涸两踟蹰。

这是晏几道所写，名叫《观画目送飞雁手提白鱼》。

他清晰地表明了自己在仕途与隐士之间的纠结，是政治党争的激烈，让他不得不逃避到词酒中去。

党争，不过是你方唱罢我登场的游戏。无论最后谁输谁赢，在翻手为云、覆手为雨中，总有人要落马，总有人要受冤。

他的姐夫富弼，难道没有苦心经营仕途吗？最终还不是在党争中被贬，成了一个失败者。王安石也苦心经营仕途，也还不是起起伏伏、浮浮沉沉吗？

晏几道纵算入了官场，也不过是起伏的结局。起来了，要被另一党派搞下去，搞下去后，又再苦心地赢回来。

这样的人生，就有意思？

晏几道也在追求自己的幸福，不过不是世俗人眼中的幸福。

世俗诱惑太多，金钱、名利、财富，一切看上去太光彩，但这并不代表心灵的光彩。他没有办法信任这光彩，以及没来由的野心，所以他更愿意投入到心灵的战斗中去。

晏几道是勇敢的。因为坚决不入世俗，也是一种挑战，也需要拿出勇气去面对。

当这种勇气被误解为懦弱时，他还要面对那些流言蜚语。步入世俗太容易了。只要走在世俗的路上，总会有人互相帮忙、互相提携，也总有人高声赞美、捧你的场，更有人因你居高位而臣服于你。

为什么人们爱世俗，因为太舒服了。但是晏几道不受面子困扰，也不受世俗诱惑，他更注重里子。

因为你一旦聚集欢乐，就必然要接受未来的散场。你既然接受身居高位，就必然要承受从高位跌落的结局。

没有几个人能活成晏殊。

晏几道在情事中，有太多糊涂账，但对于现实，他拎得很清。

佛说，如梦如幻，如露亦如电。如梦，并不是没有，只是像梦一样把握不住。没有谁能完全把握住自己的人生，所谓我命由我不由天，只是一种自我安慰。

毕竟，疾病、死亡、意外，我们都把握不住，更何况天命。

> 身外闲愁空满，眼中欢事常稀。明年应赋送君诗。细从今夜数，相会几多时。
>
> 浅酒欲邀谁劝，深情惟有君知。东溪春近好同归。柳垂江上影，梅谢雪中枝。
>
> ——《临江仙》

这世间充满了闲愁，所见所闻少有乐事。春日临近，顿生希望，夏日来临，又满怀悲愁。今日虽是相聚，明年又要分别。

人在相聚时，便开始细数那分别的日子。怕啊，怕一分离，再不相见，怕一分别，竟成永诀。

你看，这是不是闲愁？

杯中续了浅酒，晏几道与友人对坐着。有人劝晏几道喝酒，他也只是微笑。他对友人说，惟你能劝我，我的深情，也惟你能知。

这世间虽满是闲愁，但与友人相伴，却是那少有的乐事。稀，才显得珍贵，晏几道珍惜着眼前的一切。正因为珍惜，所以他才怕欢事结束，让他不由得数起日子来。

友人还能待多久？几时便要离去？

算了，不数了。春天将尽，一起去东边的溪山看秀丽的风景，去江水边观赏那倒映在水中柳树的影子，以及去看那渐隐在雪中的梅花吧。

这才是乐事。点点滴滴、细细碎碎，聚到一起，才能拼凑成完整的快意人生。

这也是晏几道的梦。因为短暂，因为错过便不可追回，所以他也愿意逃到与友人的相知、相伴中去。

晏几道岂止对仕途倔强，对于友人也一样倔强。

他欣赏的人，怎样都好，若是不欣赏的人，纵然名声大过天，他亦不肯多看一眼。

元祐二年（1087年），即晏几道自作长短句、献词上府帅韩少师（韩维）的第二年，苏东坡久闻晏几道的大名，特请黄庭坚代他传达结识之意。晏几道毫不客气地拒绝了。

据《研北杂志》①所载：

> 元祐中，叔原以长短句行，苏子瞻因黄鲁直欲见之，
> 则谢曰："今政事半吾家旧客，亦未暇见也。"

晏几道说，今日朝中大臣，不少是我家的旧客，我亦不肯见，苏东坡不见也罢。

当时，苏东坡无论名气、地位或年龄，皆在晏几道之上，想要结识他的人多不胜数。只是，苏东坡也没想到自己会被骄傲的晏几道拒绝。

晏几道虽名声也大，但他"痴"的名声更大。苏东坡也是见他讨好过韩维，以为他放下了身段，不承想他还是从前的晏几道。

晏几道拒绝苏东坡，可以说他在拒绝与官员为伍，也可以说他欣赏不来的人一定会拒之门外。

苏东坡与晏几道不同。苏东坡是一个无论身处何种境地，都有能力让生活生动起来的人。他不矫饰自己的心性，也不高高在上，更不刻意隐藏。他就算被贬、处绝境，也不悲观，反而醉饮高歌，放浪形骸。

苏东坡活色生香、处处欢喜，晏几道处处闲愁、满目是苍凉，

① 《研北杂志》："研"通"砚"，元代学者陆友仁所著，多记载宋元逸闻趣事。陆友（1301—1348）：字友仁，号砚北生。

他们注定不会成为知音。

所以他拒绝苏东坡，一点也不意外。

晏几道把仕途还给了仕途，把苏东坡还给了苏东坡，把太阳还给太阳，把名利还给名利，把金钱还给金钱……当他还无可还时，他亲见了自己。

与自己不相符的，他统统拒绝。

他不想拥有太多，只想珍惜着友情、爱情，珍爱着他的诗词、书籍、琴酒。别人的幸福是追求来的，他的幸福是统统丢完后，亲见自己所得的。

他当然感慨失去，但更忠于自己；他也丢弃过爱情，但却一直守着不变的真心。

他写了大半生梦，却从没发现，自己就是一个偌大的梦。

然而，这个梦，很真实。

如今不是梦

黄庭坚在《寄黄几复》中云："桃李春风一杯酒，江湖夜雨十年灯。"

十年，他常常对着孤灯思念着远方的朋友黄几复。当年他们在春风下赏桃李，饮美酒，人生煞是畅快。

当往事成空，陪伴他的也只有江湖的落魄与孤灯了。

人生，岂止梦是美的，能与好友纵情嬉乐，也是难得的。后来的晏几道，深谙友谊的珍贵，赏桃李、饮美酒的难得，便开始学会了珍惜当下，珍惜好友。

这也是他的梦，是他的期盼。

梦最恼人的地方，是它会醒来；美景、友情恼人的地方，是它太过短暂。

然而，那忧愁，那恼人的残酷现实过去后，一样可以换来大片春色。

在易逝的光年里，晏几道欣赏着世间万物。一春、一夏、一秋，总有一段静好岁月，能散去他心中沉重的乌云，将他罩进繁华与喜悦中。

千叶早梅夸百媚。笑面凌寒，内样妆先试。月脸冰肌香细腻，风流新称东君意。

一捻年光春有味。江北江南，更有谁相比。横玉声中吹满地，好枝长恨无人寄。

——《蝶恋花》

梅花开了。它来得比春天早，也比春天冷。

黄檗禅师写梅，说："不经一番寒彻骨，怎得梅花扑鼻香。"梅，天下之尤物，少有人不赞美它，不喜欢它。

晏几道也喜欢梅花，所以说它千叶百媚，美到众人皆爱，还落在了寿阳公主的眉间："梅花妆"，有了梅的衬托，人才更美了几分。

"笑面凌寒"，再冷，梅都是笑着的。果真是，经历了寒彻骨，换来了扑鼻香。准确地说，梅花的盛开，预示着黎明的到来。它像曙光，像心里绝望时，看到曙光时的激动、喜悦，以及那难以言表的希望。

梅花，寓意中不是人生的巅峰，所以不像牡丹那般盛大，那般轰轰烈烈。它开在心间，那香，那心里的笑，只能独自品味。

晏几道曾对小鸿说，梅花开了，东君也要带着春天来了。而他，在经历了千回百转的相思之后，也终于赢来了他的梅花盛开。

晏几道并不需要牡丹般的人生。在他看来，这一点喜悦，这一丝芳香，胜却人间无数。他知道，梅花终有一日会凋零，如同他的人生，他的友情与爱情。可凋零也有凋零的美，何必只喜欢盛开，而厌恶它的萎谢呢？毕竟，凋零也是生命的一部分，也有别样的风采。

不过，晏几道最爱的，还是梅花的不顾一切。管它是否寒冷，是否雪压枝头，它都要盛开。在晏几道心中，他也同样不管世俗的流言蜚语，无视光阴的无情，倔强地珍惜着他认为重要的一切。

梦会醒来，现实会令人绝望。纵然被现实打压，被灾祸缠身，他都不怕。他最怕的是心底的绝望，是友情与爱情的逝去，他怕这一枝春无人可寄。

当一个人没了生的希求，纵是享有荣华富贵，也会郁郁而终。

后世的纳兰容若最像晏几道，也常被后人拿来做比较。他们都出身富贵，都是才子，都是痴情的男子，也都活在相思里。

在仕途上，纳兰有报国的热情，却因父亲纳兰明珠权势滔天遭皇帝忌惮，一生只做了侍卫。对纳兰而言，他仕途不畅，与晏几道几乎是一样的。

他们都因现实的无奈，躲到了情和昨日的相思里去。

纳兰是"当时只道是寻常"，晏几道是"当年拼却醉颜红"；纳兰是"心自醉，愁难睡"，晏几道是"几回魂梦与君同"；纳兰是"晓榻茶烟揽鬓丝，万春园里误春期"，晏几道是"回思十载，朱颜青鬓，枉被浮名误"。

终其一生，纳兰也没能解开他的心结。他的相思只有痛，只有泪，只有悲，恨不得吐出一口老血。

晏几道就不同了。他尽管痛着，相思着，悲凉着，但也在梦和现实中快活着。他不像纳兰般绝望，他有他的希望，有他看透后的潇洒。

晏几道不会呕出血来，最多洒几滴泪，喝几杯酒。

所以，晏几道长寿，是心底的希望解救了他。

纳兰说，"我是人间惆怅客"，晏几道说，"春风自是人间客"。

前者在现实中认真了，被现实磨出了惆怅。后者春风是春风，我是我，春风是客，我亦是客。

两者相比，突然发现避世其实没什么不好，至少还能好好地活着。若是像纳兰般认了真，自是要沉郁一辈子的。

与其在不得已中惆怅，不如退回来，赏花、赏梦、赏春风。

晏几道不曾遗忘生活，也不曾遗忘现实，他只是不执迷于此。后来，友人相继离去，他虽难过惆怅，但他可以入梦。

梦是他的希望，在梦里，他想要的皆有。人生既然如梦，那梦与现实又有什么分别？睁开眼，是梦里的人，入了梦；闭上眼，是现实的人，入了梦。

如此而已。

秋天的时候，晏几道还会去赏莲花。

这大概是他的小欢喜。他一生写相思、写梦、写往事，当然也写风物美景。有太多人喜欢将晏几道的一生定义为落魄、兜转仕途、体味悲凉、沉郁凄切。人们只会用沦落、凄苦、辛酸来形容他的一生。

悲苦，他当然尝过，但谁的一生，整日痛着、悲着、相思着呢？若是如此，他这一生所写下的词不该是260首，而是2600首了。

相思佳人，思念朋友，游子渴望归家，都是人之常情。莫不要说身世坎坷、喜欢避世的晏几道，纵是入世的你我，难道就没有几次悲凉、几段心伤？

落笔成文，也只有心伤被记录了下来。

在那个秋天，晏几道记录了莲花。他把莲花比作了少女，那窈窕清丽、风华正茂的样子正是他喜欢的。

> 笑艳秋莲生绿浦。红脸青腰，旧识凌波女。照影弄妆娇欲语，西风岂是繁华主。
>
> 可恨良辰天不与。才过斜阳，又是黄昏雨。朝落暮开空自许，竟无人解知心苦。
>
> ——《蝶恋花》

写到莲，便有人联想到了小莲。所以有人以为，这首词是晏几道在怀念小莲时所作。当然，也有人认为，这首词写的是他自己，抒发了怀才不遇、生不逢时的感慨。

然而，整篇看下来，他写的不过是"春风自是人间客"。他并非在感叹自己，而是在感叹世间众生。

这很像一个人感慨人生无常，感慨落叶归尘，所抒发的是对自然规律的无奈。也可以说，是他的一种知见和人生观。当所有的人都要经历风雨，经历"无人解知心苦"，经历怀才不遇时，他又岂是仅仅感慨自己？

在晏几道看来，莲花似少女。她娇媚艳丽、亭亭玉立、婀娜多姿地生长在绿色的池塘里。她们天真无邪，是上苍最大的恩赐。

秋天了，随着西风不断吹来，繁华茂盛的莲花与莲叶也很快凋零。它是莲花的主人吗？当然不是。

换句话说，现实的残酷是人生的主人吗？也不是！

有些事情，没办法讲"事在人为"。

繁华茂盛的莲花，不能人为地阻止风雨袭来，也不能阻止经受风雨后，要承受无人诉说的苦。

朋友再多，相聚的时间再长，最后还是剩下你一个人。不是他的苦无人诉说，是每个人的苦都无人可诉。

花开花落，生老病死，是自然规律，谁也逃不过。真正摧残人的并非北风、秋雨，而是那股"业风"，是它让人老、让花落。

"业风"是一种能量。它看不见，摸不到，只能在花开花落间体会。而那北风、秋雨，也是因为这股力量的推动，才把它们带到了你的面前。

这不是梦，也不是虚幻的，它比现实还现实。

春生夏长，秋收冬藏，晏几道在四季轮回中，迎来了新的一年，新的一春。

他再一次赏了梅花。梅花再现，却已然不是昨日那般模样。它不再是心里的微光，也不再是充满了无限可能的希望。如今的梅花和春色，是入了高唐的现实。

> 浅浅余寒春半，雪消蕙草初长。烟迷柳岸旧池塘。风吹梅蕊闹，雨细杏花香。
>
> 月堕枝头欢意，从前虚梦高唐。觉来何处放思量。如今不是梦，真个到伊行。
>
> ——《临江仙》

只剩下些微的寒气了。冰雪消融，香蕙长新芽，池塘柳树轻烟迷蒙。梅花摇曳嬉闹，细雨纷纷，杏花飘香，月落枝头，一切不用管，自然地来，自然地去。

从前，他想入高唐，做一做襄王遇神女的梦。现在啊，他也入了这春色的梦，但他知道这不是梦。

梦是人生的解药，也是人生的毒药。别烦恼了，只要你在这里，你就是梦，也是现实。

春色、梅花、池塘柳、杏花、细雨，是你；黄庭坚、郑侠、王肱，也是你；小莲、小鸿、小苹、小云，更是你。

遇见你们，才是"真个到伊行"。

卿本无情，哪堪入梦

晏几道喜欢梦，喜欢让情人入梦来。假如情人不肯入梦，他便以酒助梦，让自己尽可能地微醉。

醉，更像是在加速灵感的到来。只要醉了，眼前的虚幻，即可成真，那时，他看谁都是佳人，看谁都是梦里的人。

不知什么时候，晏几道梦到了江南，他寻遍江南大地，却没能找到梦里的人。是那酒失去效用了吗？

梦入江南烟水路。行尽江南，不与离人遇。睡里消魂无说处，觉来惆怅消魂误。

欲尽此情书尺素。浮雁沉鱼，终了无凭据。却倚缓弦歌别绪，断肠移破秦筝柱。

——《蝶恋花》

晏几道许是知道她在江南，所以才去梦中的江南大地寻她，可她却并未出现。寻寻觅觅，冷冷清清，凄凄惨惨戚戚。睡梦中，离愁别绪，他无处诉说，醒来后更觉人生惆怅。晏几道不是人间惆怅客，也不喜欢惆怅，所以他认为那惆怅误了他。

既然失落总会不可避免地降临，那不如学会安心，把这份情绪付诸书信，将它寄走。纵算天空中的大雁和沉在水底的鱼不能帮他寄去这封信，但他仍需要这样的寄托。

晏几道的旧愁走了，新愁又来了。她呢？假如她收到了这封信，又该以怎样的心情答复呢？不想了，弹筝听曲吧，让新愁跟着琴弦在一紧一松中慢慢地释放掉。

晏几道虽是一个爱相思的人，但不是因相思而蜷缩在角落里小声哭泣的人。他会移情。仕途不畅，将愁情移到红颜和酒；红颜不再，他移情入梦；当梦中也遇不到红颜，此情无处可移时，他才开始反省自己。

为何曾经爱着他的人，在梦里都躲着他？是她不知道他在思念她，还是……

大概是她伤透了心。

晏几道恨时光无情，恨离别，她当然也恨，但她还恨着他的无情。

她将一腔热情付诸晏几道的身上，甚至渴望托付终身，他的"舍弃"一定让她寒了心。

在佳人们看来，他是富家子弟，养妻纳妾本就不算什么。可晏几道知道，他几乎一无所有。

郑侠曾为民请命，惹来牢狱之灾。那时，晏几道常奔走于四方，不可避免地陷入了"人民痛苦"中。后来，晏几道虽有了官职，也只是小官小吏。他不仅救国无方，救家也无能为力。他的饮酒纵乐、歌舞升平，看上去依旧华贵，实则是一种假象。

晏几道自幼富贵，习惯了雍容华贵的生活，故其吃穿用度，也多是大手笔。黄庭坚也说晏几道，"而主人好文，必当市致千金，家求善本"。

为"善本"可"致千金"，为何他却不愿意给她一个家？说什么爱她，其实都是假的，晏几道最爱的是"善本"。

看破不说破是最好的状态。有时，人太过清醒，反而连退路也没了。

爱是真的爱过，散也是真的散了。不能说她没有怨，她比他更无人可诉说。

然而，她只能认命。她的出身注定了比晏几道活得更艰难，更无人可依，此情更无人能寄。晏几道可以付诸诗词，她大概只能将此情付诸琴筝了吧。

　　蕙心堪怨，也逐春风转。丹杏墙东当日见，幽会绿窗题遍。

眼中前事分明，可怜如梦难凭。都把旧时薄幸，只消
今日无情。

————《清平乐》

她纯洁的心，也承受过太多怨恨，不过都随着春风的流转而发生了改变。昔日，她在妆墙东边，倚着红杏树与他相见。此后，他们二人常常幽会，在绿窗上题满了新词。那一幅幅相亲相爱的画面经常出现在晏几道眼前，可惜都像梦一样难以拿出凭证。

他们真的爱过吗，真的相知过吗，她又是真实存在过的人吗？

如果一切是真的，她为何不能入梦来？

世事凋敝，人心凉薄。细数与她相处的点点滴滴，是他的薄情伤害了她，是他的凉薄让她有了怨恨。所以，他怎能怪她不肯入梦呢？

晏几道一直以为自己是痴情人，今日却道自己无情。他也终于明白过来，纵然自己一片深情，不能给心爱的人一个未来，注定是负了佳人意的。

这世间的人，谁不苦，谁的理想不曾破碎，谁的美梦不曾被惊醒？

天不老，情难绝。心似双丝网，中有千千结。情，是绝不掉的，只要入了情网，就一定会变成劫数。剪不断，理还乱，是离愁，别是一番滋味在心头。

这一条是你，那一条是我，就这样缠啊，绕啊，越理越乱了。

织网的人是自己，能解开这网的人，也只有自己。

情，杀人于无形。它，看不见，摸不到，却偏偏让你的心痛着，提醒着你它又是存在的，是有形的。

想放放不下，想提起来，偏偏又没个东西可提。

晏几道就这样纠结着，不知如何是好。他纵然明白了自己的无情，可还是不能放下梦里的佳人。他只能在梦里继续寻找她，不再恨她不肯入梦。

他想通过梦境告诉她，我回来了，我回来了！然而，一切往事终成空，她的心门，不再为他而开。

他的寻梦之路，也将就此中断。

> 旧香残粉似当初，人情恨不如。一春犹有数行书，秋来书更疏。
>
> 衾凤冷，枕鸳孤。愁肠待酒舒。梦魂纵有也成虚，那堪和梦无。
>
> ——《阮郎归》

最初分开时，她还能收到他的信件。到了秋天时，他的信越来越少。她怪他无情，恨他无意，但心里仍是放不下他。

绣了凤的被子厚厚地包裹着她，她只觉得冷。鸳鸯枕头明明一双，如今只剩下她一个人。她和晏几道一样，也喜欢借酒浇愁，以此来宽慰愁肠。

　　她还喜欢入梦，渴望在梦里寻到他。奈何，她寻梦无路，连个虚无的梦都没得做。

　　晏几道写的是她，怪的却是自己。

　　当他选择放手时，她已然无路可走。不是她不肯入梦来，是他的无意断了她入梦的路。他在寻她，她也在找他，但两人都寻路无门。

　　心心才能相印。两人不同心，又如何能印到一起？

　　不是彼此心里挂念着便是相印了。不是同路人，心必然也是不同的。纵然情能将两个人的心系在一起，但那世俗和现实仍是他们无法跨越的鸿沟。

　　这道沟深似海，不见底，人和梦自然也就不见了。

　　晏几道回不来了，她也回不去了。他们挽留不住这个梦，伸出手，只能握住大把虚空。

　　欢从何处来，郎行去不归。

　　恍惚一刹，她看见了他远去的背影，再次伸出手，只有眼泪在流淌。

　　是泪，告诉她，活着是对情人最重的惩罚。

年年如此，欢意匆匆

王灼在《碧鸡漫志》中说：

> 贺方回、周美成、晏叔原、僧仲殊各尽其才力，自成
> 一家。……叔原如金陵王谢子弟，秀气胜韵，得之天然，
> 将不可学。

才子佳句，出自肺腑，纵是你苦练雕琢，仍是学无所获。岂止诗词句语学不得，天才细腻、敏感的心思更是学不来。

才子们大多心灵丰富，眼光独到，见地通透，若非如此也写不出动人的诗篇。事实上，无论什么作品，若是没有对人生和人性独到的见解，就成了字句的堆砌。但难就难在，到底要做一个细腻、敏感、痛着的才子，还是做一个大大咧咧、不思朝夕、不辨人生的普通人？

这大概也没得选。有些人一出生，注定是天才，那通透的眼

界，让他扬名立万、闻名遐迩，但他们也因看得太通透，终生都活在清醒的痛里。

毕竟，纤尘未染的心灵和眼睛，是容不得脏污和沙子的。

也因此，那历史里的才子、才女们，大多一生凄苦，郁郁不得志。

水至清则无鱼，人至察则无徒，心太透彻不想沾染纤尘，但命运还偏偏要你被世俗熏染，看你是不是真的那么清，那么傲。

无须质疑，晏几道是个天才。

他心思细腻、单纯、桀骜不羁，永远都像个孩子。他知道世俗是个染缸，一心渴望跳出去，奈何他脱离不了人间。

晏几道决意与世俗做斗争，好保持他内心的洁净。他活得自我，活得认真，在所追求的境界上擦拭着心中沾染的纤尘。

时时勤拂拭，莫使惹尘埃。对于世间的一切，他不是不在乎，而是不执着。他想到的，做不到；做不到的，想得到。他改变不了什么，这是事实。再强大的天才、政客、帝王，也有想要而得不到的东西。

其实，无论是帝王还是平民，都没什么不同。在"得不到"面前，我们人人平等。所以，了悟了"得不到"，才能学会甘心，遵从命运的安排。

难就难在，有些人纠结着，一心渴望"得到"，使得他们终生都遗憾在"得不到"里。痛、难过、遗憾，都是无用的，你改变不了什么，这也是事实。

每个人都要成长，晏几道在成长中也纠结过，痛过，只是这些他都放下了。他尊重命运，尊重人生是一场空。

一个人放下了，不等于永不再阐述人生如梦、人生是苦和痛了。佛自是万缘放下的得道者，在传道时，还会讲述人生无常、苦，更何况凡人晏几道呢。

他的相思是真的，他对人生发出的感慨，也是真的。他所谓的苦和梦，不仅仅是对人生的体味，还有一种告诫。他想告诉人们，人生不过如此，还是好好珍惜当下吧。

　　一尊相遇春风里，诗好似君人有几。吴姬十五语如弦，能唱当时楼下水。
　　良辰易去如弹指，金盏十分须尽意。明朝三丈日高时，共挤醉头扶不起。

——《玉楼春》

筵席上，有人劝着酒，宾客之间欢快畅饮，豪爽交谈。有人赞叹某位客人诗好，有人赞叹歌女技艺高超。他们是一群着眼于才学，能即兴切题的人。可见筵席的主人，是一位趣味高雅的客人。

晏几道并没有说筵席的主人是谁，可能是他，也可能是他的好友。每次他与知音欢聚，总能像李白般释放出自己豪放、豪爽的一面。李白酒后诗百篇，晏几道酒后也写出了许多人生如梦的词。

晏几道说："良辰易去如弹指，金盏十分须尽意。明朝三丈日高时，共拚醉头扶不起。"李白说："人生得意须尽欢，莫使金樽空对月。天生我材必有用，千金散尽还复来。"

他们都在感叹人生易老，青春易逝，所以才要珍惜当下。可惜，纵算是豪情万丈、潇洒不羁的李白，也仍要因这般感叹，而被扣上怀才不遇、借酒浇愁的帽子。

盛世辉煌转眼可化为劫灰，人生得到了想要的一切，也仍要放手离去。既然怀才，又何须在乎是不是不遇。

天才用另一种眼光看到了新世界，却要被后世人用自己看到的世界，去解释他们的世界。智者千方百计、用尽一切办法，去阐述生命、人生的真理，试图唤醒沉睡的人们。最终的结果却是，大部分智者都被淹没在了众人的唾沫中。

智者的思想，可以拿来欢快畅谈，也可用以武装大脑，人们对那思想保持敬畏与赞叹。无奈的是，智者的"为人"却偏偏要遭受批判，成为避世、不作为、怀才不遇的代表。

其实，他们从不玩弄思想，他们怎样想便怎样做，只是那通透的行为大多是放下的，是感叹的，也便有了凄凄惨惨戚戚的解读。

当李白呼出"五花马，千金裘，呼儿将出换美酒，与尔同销万古愁"时，什么山珍海味、名贵良马、千金皮衣，都便失了味道。他要用这些浇灭这无尽的万古愁。

入世本来苦，出世也未必成仙。人生正如佛陀所说，是苦的和无常的，那仕途、名利、财富在"苦"本身和"无常"面前，其实小很多很多，否则也不会是"万古愁"。

为了消除人生之苦，诗词人喜欢寻找自己的快乐，以美酒、以诗词，或以歌舞。正如晏几道，他喜欢在筵席上放杯畅饮，彻夜倾杯。喝到日上三竿，喝到醉扶不起。

尽兴、快乐、自在，比什么都重要。

无奈，快乐是短暂的，这同时也说明，苦也很短暂。当一个人感觉到痛苦时，如果能以酒浇愁，至少能得到暂时的解脱。所以，快乐和痛苦总是交替而来。

因为快乐靠不住，不长久，所以诗词人进入了更深层次的痛苦中。如何才能拥有长久的快乐？如何才能活出真正的自在与解脱？

其实，佛陀在讲小乘佛法的无常、空、无我、苦时，便已经透露了秘密。事物往往有两面，当看到它悲的一面时，便要想到它还有喜的一面。所以，佛陀即将涅槃时，又讲了常、乐、我、净。

这是智者追求的境界，他们想要摆脱生命、世俗的枷锁，就要找到这个办法。只有找到它，才能做到逍遥自在，想来便来，想走便走。

这不是心性的压制，也不是视世俗不见的盲目和偏见，但也并非脱离了世间。智者都在找它，倾尽了一生去努力，那些世俗之事，自然也不在眼中了。

晏几道观到了人生如梦如幻，所以忧愁、痛苦。他停在苦的一端，迟迟不肯上岸，不肯转身，不肯看见常乐我净。如同太阳照在身后，人们只能看到自己的影子，以为影子便是那苦，那无常，但却忽略了身后的太阳。

对于晏几道而言，人生依旧短暂着、无常着，让他不知道余生还有几多快乐，几次陶醉。

　　东风又作无情计，艳粉娇红吹满地。碧楼帘影不遮愁，还似去年今日意。

　　谁知错管春残事，到处登临曾费泪。此时金盏直须深，看尽落花能几醉。

——《玉楼春》

娇艳红粉的花，又被东风吹落满地，它真是太无情了。可是，谁奈何得了春风呢？只有无计可施。青楼上珠帘垂下，仍掩盖不住这满地的残红，犹如晏几道的心境，虽整日饮酒作乐，仍有零星忧愁挂在心头。

春天，万物复苏，花开了，树绿了，这场盛大的绽放，只能让晏几道看到忧伤。春天，与他何干？他为什么要为暮春残红而难过？他埋怨自己多事，在登山临水时，为这残春浪费的眼泪。

金杯美酒，风物风景，人生快乐的事本就不多，那又何必感慨呢。此刻，只愿举起杯中酒，好好地欣赏一下春天，直到把繁花、落花都看尽。

人生在世，春青短暂，春花易落，能有多少快乐可享，又能有多少次美酒陶醉呢？

可叹。人们似乎很喜欢惋惜、沉痛之意，所以故解此词为悲情难抑之词，生生地让晏几道在心底痛出血来。

反正只要感慨，只要写到愁，一路抑郁、沉痛、悲情下去就对了。似乎那诗词中的人，若是不感叹几番，一唱三叹，就失诗词之妙境。

晏几道的词，虽被称为有"一唱三叹"之妙，但他的一唱三叹，绝不是所有的"叹"，他都投入了其中，让自己一味地沉郁下去。他只是以通透的心作为镜子，照见了"自然"的无情。

他想告诉人们，快醒来吧，莫沉溺于这"无情"中了，世间名利富贵都如枝头上的花，只是暂时假手于自己而已，最终都要被"东风"吹散。

当人们说他"痴"时，他又如何不是在笑人们"痴"？正如唐伯虎所作：

> 车尘马足贵者趣，酒盏花枝贫者缘。
> 若将富贵比贫者，一在平地一在天。
> 若将贫贱比车马，他得驱驰我得闲。
> 世人笑我忒疯颠，我笑世人看不穿。
> 记得五陵豪杰墓，无酒无花锄作田。

晏几道与酒盏花枝有缘，所以注定是"贫"者，也注定是"我笑世人看不穿"的智者。他不像唐伯虎，要说清楚，道明白，他懒得说，懒得讲。

因为他知道，纵是圣人，也改变不了人心，他又何必多此一举呢？

他对人生没有认真，所以仕途输了。他对自己认了真，所以也输了，输在了认真便不能放下。

晏几道说："年年此夕东城见，欢意匆匆。明日还重，却在楼台缥缈中。"

年年复年年，年年如此。欢意匆匆，愁也匆匆。

明日一切都还来，来了还是会走。

终是缥缈的一场空。

人我不知处

日光之下，岂有新事？

纵观上下五千年历史，也不过是同样的桥段，换了不同的人物和面孔重新再演一遍而已。

是的，道理有太多人懂得，可换了自己，仍要在这舞台上卖命地唱，玩命地跳，直到耗尽生命才可终止。

一个人，若放不开这颗心，即使富有四海，仍是困居一室的囚徒；若能放开此心，即使颠沛流离，吃穿简朴，也自有一番逍遥天地。

《淮南子·原道训》曰：

是故大丈夫恬然无思，澹然无虑，以天为盖，以地为舆，四时为马，阴阳为御，乘云陵霄，与造化者俱。

所以有时，反而很羡慕刘伶醉死之处便是埋骨之地的潇洒，以及他那句"我以天地为栋宇，屋室为裈衣，诸君何为入我裈中"的胡言乱语。

因为想要得到什么，只要努力去做就够了，无论结果如何，至少无愧于心。但是，一个人想要活得潇洒自在，努力却是做不到的。

你越是努力，越被"努力"捆绑。若说不努力，世俗的一切都诱惑着你，纵然不为之所动，也不过是活成了一潭死水的"枯"人。而想要活出洒脱自在，则要找到新的、活泼的生机，才算是做到了大自在。

这太难，所以晏几道没能找到那点活泼的生机。但是，他仍在梦幻的人生中努力着，并试图让自己从中解脱出来。

晏几道无数次地回忆过往，一想到佳人不知去向便伤心难过。他这一生，见了太多风尘女子，即使未能生出爱情，对她们仍是充满怜爱。

与她们相比，晏几道是幸运的、幸福的。他要坚持自我，保持自己，维持尊严，便能好好地活下去。她们呢，则要委屈自己，与客人诗酒相娱，高弦清歌。她们看似惊鸿掠影，笑靥如花，实则满心疮痍，浑身是伤。

绿绮琴中心事，齐纨扇上时光。五陵年少浑薄幸，轻如曲水飘香。夜夜魂消梦峡，年年泪尽啼湘。

归雁行边远字，惊鸾舞处离肠。蕙楼多少铅华在，从来错倚红妆。可美邻姬十五，金钗早嫁王昌。

——《河满子》

她是沦落风尘的歌伎。她手弹绿绮琴，又执齐纨扇，舞姿曼妙风情，常常流连于富贵豪客间。因为命运的不幸，她只能在强颜欢笑中耗尽青春，耗尽生命。琴在诉说她悲苦的心事，齐纨扇在传达她的幽怨。

可是，那些薄幸的贵游子弟们，谁在乎过她？当她红颜老去，她也便像那齐纨扇般被丢弃。

秋天和冬天，不需要扇子。同样，贵游子弟们也不需要青春已逝的女人。此后，她独守寂寞，年年有流不尽的泪。

曾经，有人说爱她。他喜欢她曼妙的舞姿、俏丽的容颜。在他的句句赞美、步步追求中，她果真爱上了他。

她自知是歌伎，男人都爱她的美、她的才，她也深知自己不能动情。

她一再克制，但还是爱上了他。他并非一掷万金的庸俗男子，也并非见异思迁的薄幸男儿。她一直以为自己见多了男人，早已练就出一双火眼金睛，可她却忘了，人是会伪装的。

她也忘了，人会老。

许多年后，她怅望长空，思念远方的他，但见雁群成行，飞回南方，却再也收不到他的只言片语了。

不甘心，真的老了吗？她揽镜自照，在镜中看到了因相思之苦而憔悴的容颜。她吓坏了，转念为青楼女子悲伤起来。

多少自恃丽质天成、引人爱慕的女子，都活成了她这般模样。当青春不再，人老珠黄，人生也就此潦倒落魄了。崔颢在《王家少妇》中云：

> 十五嫁王昌，盈盈入画堂，
>
> 自矜年最少，复倚婿为郎。
>
> 舞爱前溪绿，歌怜子夜长。
>
> 闲来斗百草，度日不成妆。

她羡慕邻姬早嫁贵人，享尽了富贵荣华。而她，终将在孤寂与凄苦中，度过余生。

晏几道感叹歌伎，同时也在感叹自己。

谁不是人生舞台上的舞者？富贵如何，贫穷又如何？她羡慕的"十五嫁王昌"的女子，正是年少时的晏几道。如果只看他（她）的前半生，当然令人艳羡，只是富贵纵算长久，人也终要老去。

你终究要面对，一个人生，一个人病，一个人老，一个人死去。

最重要的是，他是那个"负心人"。在她们最好的年华里，他与她们相爱相知，在她们老去时，他却不能寄去只言片语。

晏几道也想再得到的多一点。哪怕一字、一言，对他来说都是一种安慰。

他深知那位老去的歌伎等不来什么，自己却活在了"等"的期望里。直到晚年，他仍希望远方的亲人、友人，多给他写信诉说情义。

也希望，她突然出现，给他惊喜。

晏几道是一个喜欢将期望放到别人身上的人。假如他能像苏东坡一般，在日常生活中给自己创造惊喜，那他将活出另一番天地。

他也尝试过寻找惊喜，好让自己获得更多快乐，可他却忽略了，他的这份寻找，仍没逃脱"别人"。

> 街南绿树春饶絮，雪满游春路。树头花艳杂娇云，树
> 底人家朱户。北楼闲上，疏帘高卷，直见街南树。
>
> 阑干倚尽犹慵去，几度黄昏雨。晚春盘马踏青苔，曾
> 傍绿阴深驻。落花犹在，香屏空掩，人面知何处。
>
> ——《御街行》

这一年，晏几道来到街南绿树下，看他恋慕已久的女子。

春天多柳絮，如雪般飘满空中，落在道路旁。树上杂映着艳丽的花与天上的云，它们似乎交织在了一起。

她就住在这里，这是一家红门朱户。

晏几道似乎怕她发现他的存在，特意登上北楼，卷高珠帘，站

在上面往下看她。院内风景尽收眼底，她也落在了他的视野里。

她似乎不知道晏几道的存在，而晏几道也并未对她表白。他经常来看她，像一个怀春、痴情的少女。

他不记得自己来过多少次了，他只知道那栏杆已被他倚遍了。他每回来到这里，都不舍得离去，纵是经历了几度黄昏细雨，对她仍旧恋恋不舍。

他记得暮春时，她曾骑马徘徊踏过青苔，靠在绿荫深处停马驻足。现在，晏几道再次来到这里，她却不在了。

昔日落花今犹在，却已不见去年人。华美屏风今犹在，谁知人面何处寻？

这女子住红门朱户，并非红尘女子，所以晏几道羞怯了。

在心爱的人面前，晏几道只能假装不经意，假装慵懒、无事登楼。不得不说，晏几道真的爱她。因为只有在心爱的人面前，才会紧张和羞涩。这种情绪对于晏几道来说，是少有过的。

他为了她，倚遍栏杆；为了她，明知她已离去，仍是不甘心地回到老地方，独自一人对着空院发呆。

晏几道喜欢把情，把快乐，寄托在他人身上，所以她与他一旦分离，他必定要吃一番苦头。今日人面不在，明日他又将去向何方？

现实如梦、情事如梦、人生如梦，那他呢？跟这位女子一样，也如梦。

不是她走了，是每个人都会走。

李白说："今人不见古时月，今月曾经照古人。古人今人若流水，共看明月皆如此。"

在乎怎样，不在乎又怎样，少了她，他的世界将不再转动，可世界少了他，依旧不停地往前奔驰着。

所以有时候，无我的境界反而多了美感。

然而，晏几道一直被情牵绊。他在情中，承受着痛与悲，几乎成了一个"枯"人。那黑色的云压着他，让他看不见天日，照不进阳光。

不是黎明不肯来，是他手抓乌云，不肯让太阳照进来。

放下太难，无我太难。可正因为放不下，他才成了晏几道，成了历史上著名的痴人、词人。

福与祸，是与非，好与坏，这很难说得清，说得准。

毕竟，没了痴，没了词，谁又记得他？那才真是尘归尘，土归土了。

那也真是，没有"我"了。

第六章

天涯游子，
只争归期

只思旧时人

晏几道的一生，虽然朋友不少，但真正知心的人不过三位：王肱、黄庭坚、郑侠。

王肱醉酒早卒。郑侠出狱后见王安石罢相，却有人推荐吕惠卿为相，于是再次上书抨击。他以唐朝魏征、姚崇、宋璟、李林甫、卢杞的传记为题，画成两幅画，一幅名为《正直君子社稷之臣事业图》，一幅名为《邪曲小人容悦之臣事业图》。

郑侠反对吕惠卿为相，认为他暗合了林甫之流而反于崇、璟之辈。吕惠卿得知后大怒，奏郑侠诽谤之罪，编管汀州。

郑侠行至太康，吕惠卿又罗列郑侠罪名，以期"议致之死"。宋神宗见到奏折，曰："侠之所为，并非为己，其忠诚可嘉，怎能深究？"于是又将郑侠流放到了英州。

直到北宋元祐元年（1086年），宋哲宗赵煦登基，大赦天下，郑侠遇赦才回到福清。之后他经苏轼、孙觉等推荐，再被任用。

绍圣元年（1094年）四月，郑侠因"元祐党人"的罪名，再次被贬至英州。后虽宋徽宗继位后官复原职，但又因蔡京入朝为相，他再次被罢还乡至福州福清。

此后，他一直留在家乡，于宣和元年（1119年）八月去世，终年七十九岁。

晏几道和郑侠虽是挚友，但自从"入狱"事件之后，他们二人辗转各地，余生几乎再未见面。或许他们见过，只是未被历史记载，也或许他们确实未再相见，只是书信往来，以笺寄相思。

在晏几道的诗词中，他曾多次写到对友人的怀念和对友人信件的期待，可见他是想念郑侠的。

很难想象，晏几道和郑侠会成为好友，因为他们是完全不同的人，也可以说是完全相反的人。晏几道不愿入世，不愿与政治共舞，终生躲避着仕途。而郑侠则一直活跃在政治舞台上，他耿介绝俗，情系生民，以民为本，为小民奔走呼号，不诱于利禄，不动于私情。他一生虽屡次被贬，但却矢志不渝。

郑侠一生，也是官卑职小，但他俭素清廉，不贪图华衣美食。他说："无功于国，无德于民，若华衣美食，与盗无异。"

这或许就是他们能成为好友的重要原因吧！他们二人，都清高，都不甘与恶俗同流合污，都是宁肯俭素清廉，也不愿盗取"国民"钱财。

郑侠和晏几道是同一种人，只不过活成了晏几道的反面。晏几道不敢做的事，郑侠帮他做了；晏几道心中渴望入仕的愿望，郑侠也帮他实现了。

晏几道在郑侠身上，看见了入仕的自己，而郑侠在晏几道身上，看见了出世的自己。他们像是一个硬币的两面，只是花色不同，但其价值、意义、本质，却是相同的。

在世人眼中，晏几道是痴、沉郁、不得志、愁苦、凄楚的词人，但他的长寿却恰恰说明了，许多事并没有变成他的心结。

他是一边沉郁，一边以酒、以词、以情来释放压抑情绪的人。

在历史上，真正沉郁、不得志、愁苦的名人，大多英年早逝。他们的痛与忧愁，就像纳兰容若的心头血，是生生地憋在心肺间的。

当他们的生命走到尽头，那口陈年老血终于吐出来，你都跟着呼出了一口长气。

晏几道不是这样的人，虽然有"古之伤心人"之称，但他的每一首词，最多令人感叹、感慨、遗憾，却没有压在心头的窒息感。

他的相思，他的忧愁，很像滔滔不绝的流水，从你眼前不断地流过，但最终都流走了。

李煜说："问君能有几多愁？恰似一江春水向东流。"李煜的愁，无穷无尽，至死都不能解脱。

晏几道的愁，是一边相思，一边如幻如梦；一边沉郁不能入仕，一边欢快地纵情词酒，觉得避世也是一种不错的选择。

只要珍惜当下，怎样不是活着？

黄庭坚应该是晏几道最好的朋友了，否则不会为他的《小山词》作序。

当黄庭坚说晏几道"痴"，笑他下"拔舌地狱"时，晏几道并没有因此而生气，也没有否认，否则不会将这序用到《小山词》中。晏几道正是黄庭坚所说的"故人万里，归来对影"的人。

晏几道对黄庭坚的情感和郑侠不同，他和黄庭坚更多的是才学上的共识，以及心意上的相通。

黄庭坚七岁（1051年），作《牧童诗》：

> 骑牛远远过前村，吹笛风斜隔岸闻。
>
> 多少长安名利客，机关用尽不如君。

小小年纪，其口气之大，非一般才子人也。

八岁（1052年），黄庭坚又作一首《送人赴举》："青衫乌帽芦花鞭，送君归去明主前。若问旧时黄庭坚，谪在人间今八年。"

黄庭坚虽然出生在了宋朝，但气势并不输唐朝诗人。他自信，自信得有点自负，不过他七八岁的年纪有此诗才，自是有骄傲的资本。

众所周知，晏殊也是少年时便被誉为"神童"，晏几道与父亲相比，少年的名声确实弱了些。不过，据《唐宋诸贤绝妙词选》卷三中晏几道《鹧鸪天》词注说："庆历中，开封府与棘寺同日奏狱空，仁宗于宫中宴集，宣晏叔原作此，大称上意。"

> 碧藕花开水殿凉，万年枝外转红阳。升平歌管随天

仗，祥瑞封章满御床。

　　金掌露，玉炉香，岁华方共圣恩长。皇州又奏圜扉
静，十样宫眉捧寿觞。

——《鹧鸪天》

　　庆历五年（1045年），晏殊五十五岁，这一年黄庭坚出生。晏殊四十余岁生下晏几道，此时晏几道不过七八岁。如果晏几道和黄庭坚年纪相仿，他应该写不出这样的作品。假若七八岁的他能写出这样的作品，那么他少年时的才学不比父亲晏殊差。他和黄庭坚都是少有才学，长大后活得既真实、真诚，又极为通透的人。

　　因为"乌台诗案"，黄庭坚被贬，晏几道又辗转各地，他们虽经历了短暂的分别，但至少在元祐二年（1087年）时，又重聚了。

　　与老友重逢，晏几道一定是欢喜的。他一直道"不似相逢好"，是因为他尝过相逢的滋味。

　　元符三年（1100年）徽宗即位，起用黄庭坚监鄂州税、签书宁国军判官、舒州知州，又以吏部员外郎征召。黄庭坚推辞不就，请求为郡官，得任太平州知州，仅上任九天便被罢免，主管玉隆观。

　　此时，赵挺之执政，又开始了新一轮的"元祐党人"打压。他呈上黄庭坚所写的《荆南承天院记》，指斥黄庭坚为灾祸高兴，黄庭坚又一次被除名，并送到宜州管制。

　　相逢，晏几道欢喜，送黄庭坚离开，晏几道必定再一次忧愁。

　　他们身为朝廷命官，有太多的不得已，许多事自己做不得主。

莫怪晏几道多愁善感，与友人、家人、情人，聚了散，散了聚，任谁也会在相聚又分离中伤了元气。

年轻时，即使友人相隔再远，只要骑上马，或划上船，总可以去他乡探望，正所谓"乘兴而行，兴尽而返"。

当晏几道、黄庭坚、郑侠已至暮年，彼此又分散各地，晏几道对友人的思念只能一次次地涌上心头。

晏几道不是怕友人忘记他，而是怕突然得到友人不幸的消息。

一个人年幼时，多半是迎接一个又一个新生命。人若老了，又开始逐一地送他们离去。一个人，一旦见惯了生死离别，对真正在乎的人，反而看不开了。

> 醉别西楼醒不记。春梦秋云，聚散真容易。斜月半窗还少睡，画屏闲展吴山翠。
>
> 衣上酒痕诗里字。点点行行，总是凄凉意。红烛自怜无好计，夜寒空替人垂泪。
>
> ——《蝶恋花》

那一天，晏几道喝醉了。

他在醉中告别西楼，告别友人，醒后记忆全无。回忆离别的一幕，犹如春梦秋云一般，说散即散，说聚即聚。

聚散，呵，真是容易。

斜月低至半窗，晏几道还是毫无睡意。他说"画屏闲展吴山翠"，一个闲字，说明他此心不静，辗转难眠，实是被迫地不得不赏月光，赏吴山青翠。

友人刚刚离去，衣服上还有酒宴时留下的酒渍。晏几道的记忆猛然复苏，他想起了聚会时所赋的诗句，点点行行，都是离别之语，凄凉之句。

红烛无情，自怜地落下泪来，却也无计解脱凄哀。寒夜里，它为何要替我落泪，我明明一点也不难过。

友情让晏几道的心有了坚实的依托，却也让他一次次地被丢弃在天涯海角的孤单里。

茫茫大地，好似只有他一人。他们呢？一个个不见了。为他遮风挡雨的臂弯，也不见了。

之前，友情给了晏几道莫大的安慰。晚年，友情让晏几道在无尽的旷野中，受尽冷风吹。

原来，友情也令人愁，令人忧；原来，只要在乎一个人，就逃不掉思念。

你是另一个我，千万莫要，莫要离去。

也请你，寄来关于你的消息，让我知道，你很好。好吗？

好吗？

无处安放的心

晏几道行至暮年，仍活在如梦如幻的人生里。

他的心，没有归属感，一直漂浮着。如同他的半生，天涯漂泊，不知何时才能将此身、此心靠岸。心无处安放，他躲到梦里去，当他发现此身也无处安放时，才有了后来真正的"及时行乐"。

这是很早的一件事了。这件事发生时，不知晏几道身在何处，身边伴着哪位佳人。唯一知道的是，这件事对晏几道的影响肯定是巨大的。

据宋代文人笔记《东轩笔录》和《曲洧旧闻》所载，元丰元年（1078年），晏殊的墓地被盗了。

千古名臣，一生以读书修身为命，却惨遭剖棺毁尸的命运，这确实令人惋惜。更令人难过的是，盗墓者本是要盗取张耆的墓地，却因与晏殊的墓地相近，他才遭此横祸。

张耆是宋真宗赏识的人。当初，刘太后在朝堂上提出任张耆为枢密使时，晏殊还为此反驳过。因为这件事，晏殊得罪了刘太后和张耆，约一年后，晏殊被贬。

张耆在历史上并非无所建树。他射得一手好箭，长大后从军，屡立战功。他在与契丹人浴血奋战中，身被数创，但仍在万军之中擒杀了契丹骁将。

他从小与宋真宗一起长大，后又为宋真宗立下汗马功劳，其权势与富贵，自是不可估量的。史载张耆"安佚富盛逾四十年，家居为曲阑，积百货其中，与群婢相贸易"。

正因为张耆富贵滔天，所以后人对他的墓地起了歹心，以为可以挖掘出黄金万两，却不承想错去了晏殊的墓地。

张耆和晏殊的埋骨之地为河南阳翟，相去数里，本不该殃及晏殊，但晏殊的墓碑上却写着彰显一生荣耀的"旧学之碑"，使得盗墓者以为晏殊也是富贵滔天者。所以，他们从两座墓中间挖开一处直道，既能掩人耳目，又可一举两得。

直道完成后，他们再分开向两边挖掘，以地下通道的方式悄悄向两处墓地靠近。张耆的墓地，先被挖开，里面并未设计防盗贼的机关，所以盗墓者很快盗取了大量金银财宝。盗取张耆墓地时，盗墓者得到了宝贝，便大发善心，将剖开的棺椁合上，同时又用泥土掩埋，所以张耆的尸骨并未遭到破坏。

晏殊熟读历史，大约知道自己的墓地会遭歹人算计，所以在墓地中设计了防盗贼的机关。当盗墓者挖开通道后，墓地先是放出烟雾，使得盗墓者不能进入。不过，可能盗墓者提前做了预防，所以这一手机关并没有防住他们。

待浓烟散去，接着墓里传来野兽的嚎叫声，又似有甲兵的鼓噪之声。盗墓者虽被吓坏，但是声音散去后，他们又壮着胆子往前挖，然后就遇到了第三道机关。

这一道机关是巧设活人。盗墓者进入墓穴后，猛然抬头，会发现有一具类似真人的木偶，端坐一隅，呵斥不断。

盗墓者本能地将火把、铁锤等掷向假人，最终假人倒地，这一机关也便失去了作用。盗墓者见状，戏谑晏殊。他们说晏殊虽有神机妙算，但也不过如此。

晏殊费尽心机，盗墓者也是遭遇了层层障碍，所以他们对晏殊的墓地充满期待，以为这样煞费苦心的墓穴，里面一定藏有绝世珍宝。

谁知，盗墓者的期望落空了。当他们打开晏殊的墓穴，却发现墓中既无金银玉器，也无珍宝古玩，不过是一些日常器具。

盗墓者大失所望，将所有的怨气发泄在了晏殊的尸体上。他们碎其骨，焚其尸，留下一地狼藉而去。

用"挫骨扬灰"来形容晏殊死后的遭遇一点也不过分。

可怜，一代清廉、名臣，竟遭遇这样的祸事。不说晏几道，就是后人听闻此事，也会伤心难过。

不过，恶有恶报。盗墓者因出手张耆墓中的宝贝，被人认出，使得他们最终落网。他们将盗墓的经过统统招认后，这件事才被后人所知，被记录在了古书里。

谁说机关算尽，就一定能保住自己？

谁说富贵滔天，就一定会终享荣华？人死，虽不能复生，虽再无所知，但晏殊这番遭遇，仍让晏几道对生命有了更加深刻的思考。

人并非死去，便万事归尘。活着不易，死后也未必一定能安息。这世间有太多意外，谁也无法预判明天和意外哪个先来。

所以，晏几道写下太多及时行乐的词。他只有让自己快乐，才能证明自己活着，才能忘却那些烦心事。

此心不能安，此身难道就能安吗？

晏殊一生，也并无大的过错，晏几道不知道父亲为何要遭此横祸。大概，这便是因果吧。生前，张耆和晏殊斗，那时张耆一定恨晏殊入骨，恨不得将他挫骨扬灰，所以才让晏殊有了这样的结局。

晏几道也不尽然全是对人生如幻的感慨。他也积极过，相信人与人散去后，总会再相逢。如果散是人生的真相，那么聚又如何不是呢？

池苑清阴欲就，还傍送春时候。眼中人去难欢偶，谁共一杯芳酒。

朱阑碧砌皆如旧，记携手。有情不管别离久，情在相逢终有。

——《秋蕊香》

晏几道说，绿树成荫，已到了暮春。眼前人已不在，虽不能一起饮酒，但还有机会。只要彼此情义在，就一定会有相逢的时候。

人生虽聚散无常，但聚散只是外在，并非人生真相。莫把此心变作胶糖，物来时心便粘着，等物走时心也跟着走了。

只是，晏几道的心，偏偏是胶糖做的。他在乎情，在乎义，在乎家人，心比他的人生还要跌宕起伏。

晏殊的身后事告诉他，人生不仅此心不安，此身也不安，所以才有了"学道深山空自老，留名千载不干身"之句。

留名与否，地位与否，自己在乎了一辈子，但除此之外谁在乎过呢？

还不是要被挖掘出来，暴露在众人之下？

晏几道终于懂了，所以晚年的时候，他回到故乡，辞去官职，一个人等待死亡来临。

心安处，即是吾乡。他一直走在归家的路上。

月是故乡明

元祐四年（1089年），范仲淹的儿子范纯仁接替韩维到颍昌任知府。此时，晏几道虽不知是否转职，但他的确还留在颍昌。

范纯仁久闻晏几道大名，来到颍昌后，苦口婆心劝他将此生所作小词结集成书。晏几道之前所作小词，多是即席之作，写完便交与歌女吟唱。在他看来，小词多为筵席助兴之作，写完也便算了，从未有过收集小词的爱好。

但晏几道听完范纯仁的想法后，认为有必要整理自己的词作。一来，他这大半生，在筵席上写过太多小词，且声名远播，如果不加以整理，怕遭人误传。二来，他除诗词才学外，人生并无成就，若整理小词，也算对自己的一生有了总结。

此后，晏几道开始整理之前的小词（也有一说，晏几道自1086年开始，主动开始整理小词）。晏几道一边收集小词，一边回忆自己的前半生，感叹之余，入梦、思念……必会大面积地涌向他。

通过晏几道所写的词便可看出，他的词多是中年或晚年后，回忆前半生的词。当他回忆起少年时光，忆起父亲，忆起汴京时，他不由得怀念故乡，并渴望回到故里。

> 长杨莘路，绿满当年携手处。试逐春风，重到宫花花树中。
>
> 芳菲绕遍，今日不如前日健。酒罢凄凉，新恨犹添旧恨长。
>
> ——《减字木兰花》

长杨莘路，绿意依旧。曾经你我携手一起走过，如今依旧满眼盎然，人却再不是从前的人。

晏几道老了，身体一日不如一日，那绵延的忧愁，一天比一天长，何时才能终了？

他不能再漂泊了，再晚就回不去了。

中晚年，晏几道开始思念故乡，并创作了大量渴望回归故乡的小词。

> 十里楼台倚翠微，百花深处杜鹃啼。殷勤自与行人语，不似流莺取次飞。
>
> 惊梦觉，弄晴时，声声只道不如归。天涯岂是无归意，争奈归期未可期。
>
> ——《鹧鸪天》

人老了，大多渴望落叶归根。

这或许是一种本能，也或许他自幼被灌输了太多关于乡愁的思想，使得在晚年时，期盼回归故里。

此时，晏几道渴望归乡的心极为热切，在这首小词中，抒发的情感近乎哀鸣。

亭台楼阁，倚着青翠的大山，连绵十里不绝。顺着大山的方向望去，满眼尽是春深花繁、百花齐艳的景色。不远处，有一群杜鹃在啼鸣。它们热切地叫着，仿佛在与行人搭话。

杜鹃鸟，给了晏几道安慰，让他觉得，它们不像轻浮的黄莺般，只管飞来飞去，从不与他亲近。

晏几道漂泊半生，每次走到一个新的地方，当然更喜欢欢迎他的人。对于漠然者，他对他们也是漠视的。

晏几道被梦惊着，醒来已是阳光明媚。杜鹃并未散去，还在啼鸣着。它们的好心搭话，让晏几道想起了故乡的人。

行人四处漂泊，这般亲切与人交流的，怕是只有家人和乡人了吧。杜鹃的喋喋不休，让晏几道越发思念家乡，它们似乎在说："不如归去，不如归去。"

一声声，一句句，啼叫得越发清晰，似乎是家人在呼唤他。

晏几道又何尝没有回家乡的想法？只是，旅人在外，身兼小吏，想要回去又谈何容易！归期是何期？

不知道，晏几道难以确定！

众人只知仕途好，晏几道担任小官后，却发现原来当官有太多的不自由。

幼时，父亲在哪里，晏几道便跟随到哪里。他虽然寂寞，没有安全感，但好在一家人在一起。晚年时，晏殊曾一度渴望回到汴京，晏几道还有诸多不理解。现在，他突然明白了父亲的思乡之情。

人呐，总要自己亲身经历后，才能深知那是一番怎样的滋味。

韶华远去，青春不再，时光本已足够残忍，却不承想它还带来了腿脚不便，身体衰竭。当一个人总是回忆过去，而又总是忘记眼下时，那便证明他老了。

老人，大多如此。几十年前的事，仿佛在昨日。近日的事，反而都忘了。而编撰《小山词》，更是加深了晏几道对往事的回忆。

桃花如血，樱花似雪。春，不再是生发的象征，不再是"东来之意"，也不再是淡淡的哀愁，而是在一遍遍地告诉晏几道，来日不多了。

他的生命，将如桃花般短暂，如樱花般易凋零。他，也正如树上的樱花，若离枝，虽不一定萎谢，但一定会获得自由。然而，自由的代价便是放弃小小仕途。

中晚年时，晏几道家人"面有饥色"，他不敢，也不能，放弃这唯一的机会。

他和家人，都得活下去。

想要不被世俗束缚，多么难。晏几道自由了半生，却只能落得被世俗绑架的结果。若说他沉郁、痛苦，这一段小官小吏的人生，才真令他难过。

挣不开，解不脱，只能被架在火炉上烤。之前，他可以逃，可以不看、不管、不问，现在他只能被迫接受它，连逃的借口和机会都没有了。

这比不得志，难受太多！

新月又如眉，长笛谁教月下吹。楼倚暮云初见雁，南飞，漫道行人雁后归。

意欲梦佳期，梦里关山路不知。却待短书来破恨，应迟，还是凉生玉枕时。

——《南乡子》

又是新月如眉时。身处异地的晏几道，对月小酌，此心仍是冰凉的。一如天上的弯月，温暖不了茫茫、漆黑的大地。

忽然，有悠悠哀音传来，不知是谁在月下吹笛。独倚高楼，仰首见月，却又望见暮云中有归雁正飞向南方。

晏几道有些失神，心苍白、哀愁得让人几乎落泪。身处异乡，再华美的月，再悠扬的乐曲，都抵挡不住他归乡的心。

他可不能比雁晚归啊！

哀伤，流了一地，凄婉的悲心，在月下独耀着。一刹那，整个山河大地，似乎只剩下晏几道。

晏几道也觉得这一场景绝美。他在这偌大的梦中体会着凄凉的美意。山重重，路迢迢，他此心虽已融化山河大地，但那归家的路却始终隔着什么。他不知道向何处寻，那条路也在他心里消失得无踪迹了。

许多事情便是这样，提起时，不想提的也会跟着来；放下时，不想放下的也会消失不见。山重路远，晏几道望不见归家的路。山河大地，虚空粉碎时，他渴望的地方，也成空了。

晏几道迷失在虚空中，渴望家人能寄封信来，告诉他归家的路线。

被遗忘，是最可怕的。它意味着整个世界都将与你无关，真的只剩下你一个人。而那迟迟不来的信，正提醒着晏几道，他被家人遗忘了。

他出走半生，仍是当初的少年，家人却似乎不再是当初的家人。离愁别恨淹没了晏几道，心疼得惊醒了他的梦。

还好是一场梦，还好他还记得归家的路。

"露从今夜白，月是故乡明"，没有什么能比与家人团聚更美好的事了。可这一切也是幻想。晏几道枕着玉枕，刺骨的凉意在告诉他，这期望怕是要落空了。

其实，人们在乎的并非落叶归根，而是怕身后事一片凄凉。

再强大的内心，也怕死后变成一具孤独长眠的尸体。"千里孤坟，无处话凄凉"，多么凄婉。那悲歌，只能唱与自己听。

埋骨祖坟，与家人在一起，心里便宽慰不少。

虽说千里江水千江月，但月亮还是那个月亮，又有何不同？哪里的黄土不埋人？不，绝不一样，家乡的月亮，是一盏永不熄灭的孤灯，照着那些怕孤独的人。

月是故乡明，最爱你的，仍是你的家人。

而那一抔黄土，正如"千江月"。大地虽没什么不同，但到底不同的江河，映出了不同的圆月。

仅那一点点区别，已足够让人费尽半生心血。

只要人还在孤独着，归乡的路便不再遥远。这一路，纵是跋山涉川，披荆斩棘，也不怕了。这种坚定，让归家的人执着前行，让孤独的人心生暖意。

万事都，不如归去，不如归去！

陈年旧事，牙板再唱和

时隔多年，在人生的尽头，晏几道仍没忘记莲、鸿、苹、云。

他悔恨过自己的无情，恨自己背弃了她们，又因为对她们的想念，终生放不下她们。

一本《小山词》，写尽了痴男怨女的哀愁，也写尽了对她们的想念与追思。或许，晏几道试图放下过，但是当他开始整理《小山词》，往事一幕幕浮现眼前，他不得不回忆起那段陈年旧事。

她们的命运到底如何了？毕竟爱过，毕竟是红颜知己，若说一点也不关心，那不过是骗自己罢了。

古往今来，并不缺乏为争名逐利，不惜割恩断爱的负心人，也不缺乏为着仕途、生计，而抛妻弃子的无情人。

然而，晏几道的抛下，并非抛弃，晏几道的割爱，并非不爱。他没有为追名逐利而抛弃她们，也没有为奔赴仕途而喜新厌旧。他只是为了活下去，做了不得已的选择。

晏几道所作之词，虽大多为筵席盛况所写，但真正留下来且只写盛况的没有多少。在他的《小山词》中，多数为回忆盛况，并赞叹和追思佳人的词句。

晏几道是才子，歌伎是才女，他填词，她吟唱。两人即使没有言语上的交流，仅凭琴音与歌声，便已能判定彼此是否是知音。

当年，卓文君爱上司马相如，凭借的便是一曲《凤求凰》。仅此一曲，仅见过一面，她便抛下家人，跟着他私奔了。

心意相通，很微妙。纵是隔了千山万水，仍无须千言万语，只一个眼神便懂了，仅为你奏上一曲，便明了了。

所以，晏几道爱上一个又一个歌伎、舞女，是必然的。谁让她们统统懂他呢。

只是，盛大的宴席上，晏几道到底写了什么，已无人知晓。怕是，他自己也忘了。

他只能在晚年时，回忆曾经的她们，回忆他们相识相知的过程与感情。

恨不得，再与她们一一牙板唱和。

打捞记忆，是一件很困难的事，也是一件很容易的事。

容易是因为有些记忆无须打捞，它已萦绕在脑海，挥之不去。难则是因为有些往事真的忘了。它们不肯上钩，你也奈何不得。

而莲、鸿、苹、云，则是无须打捞的记忆，只要想到她们，心魂已开始悲戚。

南苑吹花，西楼题叶，故园欢事重重。凭阑秋思，闲记旧相逢。几处歌云梦雨，可怜便、汉水西东。别来久，浅情未有，锦字系征鸿。

年光还少味，开残槛菊，落尽溪桐。漫留得，尊前淡月西风。此恨谁堪共说，清愁付、绿酒杯中。佳期在，归时待把，香袖看啼红。

——《满庭芳》

想当年，晏几道和她们南苑吹花，西楼题叶。嬉不完游戏，诉不完诗情。曾经的庭院里，埋葬了他们太多美好的记忆。

离别太久，思念太久，曾经的欢乐载不动如今的离愁。晏几道在天地间寂寂老去，她们也已芳华不再。现在的他，没有她们半点消息，只能在这个秋天倚栏凝思往事。

她们给他留下了太多美好的回忆。多少次午夜梦回，他仍能回到曾经美妙欢娱的时刻。梦里的她，羞颜未尝开，暗壁始展眉。

这大概是小莲吧，羞涩如青梅，初解风情暗喜羞。

思来恍如一梦。多少美好，换来的尽是离愁。自从分别后，他们转身不相识，如流水般各奔东西，此后不复再相见。

这一别，太久了，太久了，久到晏几道快淡漠了那份情意。

他的人生已泛黄，在一声声叹息、一次次离愁中，已快淡忘了那份情感。倘若，她们再不寄来锦书，他定是要将她们忘记了。

明知忘不掉，却还要说负气的话。这倔强的小情绪，唤不回她们对他的"绝情"。

　　槛菊枯败，溪边梧桐落叶飘去，曾经的重重欢事，留给晏几道的只剩下漫长寂寂的岁月。当然，还有一杯苦酒，伴着疏月凄风，余生一人痛饮着。

　　离愁别恨，诉与谁说？且把一腔愁绪，都消磨在绿酒中吧。

　　你们知道吗？我到现在还在期盼与你们相逢。等那天到来时，我一定要给你们看我衣袖上的点点泪痕。

　　离人远在天涯。天地之大，离人又去何处寻？

　　只能看天上的归雁。它们从南到北，从北到南，离人也一定看见了它们。寂寞年华里，是归雁寄托着晏几道对她们的相思，一解他的相思离愁。

　　爱了，得不到，还未珍惜，便已失去。转身后，残红飞纷似雨落满地，连那情缘也凋零了。

　　离愁，离愁，离愁……

　　　　离多最是，东西流水，终解两相逢。浅情终似，行云
　　无定，犹到梦魂中。

　　　　可怜人意，薄于云水，佳会更难重。细想从来，断肠
　　多处，不与者番同。

　　　　　　　　　　　　　　　　　　　　——《少年游》

　　等不回佳音，盼不来佳期，晏几道难免失望，难免要认清

现实。

人这一生，离别最多。两人一旦分开便像水流般各奔东西。古人说，条条江河归大海，各奔东西的水流，最终也能再度相逢。情感浅薄的人好像飘忽不定，白云行空，但晏几道仍然相信，他们能够在梦中相逢。

晏几道对于心心念念的人，总是心存善念。就像黄庭坚说晏几道："人百负之而不恨，己信人，终不疑其欺己，此又一痴也。"

一个人，即使负他百次，他也不生恨；即使骗了他，他也始终不疑。所以晏几道痴，痴情地等着相逢的那天。

可惜，人情、人性还是让晏几道失望了。他终于明白，情意比行云流水还要浅薄，还要无定性。莫说零落天涯、毫无佳音的她们，纵是约了日期的人，也难免失约啊！

细细想来，从前种种期盼、期望，虽无数次令人断肠，但这次与之前都不同。

这一次，晏几道绝望了。

这世间，痴人有几个？晏几道又能遇见几个如他这般痴情的人？人若不痴，在痴情的晏几道面前，难免显得薄情寡义。

友人、情人无意中的许诺，不过玩笑，说不定晏几道会认真。他的敏感、思虑，更难免让他生愁。

说到底，晏几道虽看透了人的薄情与寡义，却仍不愿接受这样的现实。直到，他再等不来什么，直到他垂垂老矣，才突然清醒了。

其实，人本来如此。是他，太过痴情了。

许多情绪似是而非，许多人似假似真，许多事如幻如梦……追忆着不真时，当下的真也便如水般流走了。

无奈的是，每个人都以为自己正确，所见为真。其实任何事，一旦只看到一端，见到一面，便已失去了真实。

明知一场梦，晏几道仍在追思着。明知得不到，他仍活在了日日夜夜的期望中。

岁月沉沉，旧人如梦，往事终究不过是一场海市蜃楼。只可见，不可触摸，也不能给你带来什么。

还是转身好。不去追了，也不思了。

这样，余下的日子，都是静好岁月，都是清明朗朗的生活。

醉后莫思家

岁月如河，往事成丘。

一些人，一些事，就这样了无痕迹地被时光带走了，给人留下的只有大把的寂寞与空虚。

人至暮年，多数在回忆过去，在追思故乡，以及渴望弥补生命里的遗憾。

遗憾，不仅年轻时有，晚年时也有。

往事成丘，脊背也成丘。

《铜官窑瓷器题诗》其中一首说：

> 君生我未生，我生君已老。
> 君恨我生迟，我恨君生早。

晚年的晏几道，也有这样的遗憾。当他遇见李师师，他骤然发现，原来之前所见佳人，都不过是平凡之姿。

李师师，是文人雅士、公子王孙竞相争夺的对象。她生卒年不详，不过有人说，她约生于元祐五年（1090年）。

张先曾见过李师师，并写下一首《师师令》来赞叹她的美貌，所以也有人说，李师师最迟生于嘉祐七年（1062年）。

如果李师师生于嘉祐七年，那么晏几道见到她时，应是中年。可是，中年的晏几道，并未回到汴京，所以她约生于1090年，则更为可靠。

李师师天生一副好嗓音，在老鸨悉心教导下，不满十五岁时，已有"人风流、歌婉转"的称号。不仅张先喜欢她，秦观、周邦彦，以及宋徽宗等人，都对她产生过爱慕之情。

李师师灵心慧质、能歌善舞，善唱小令。秦观对她曾一度迷恋，二人交往也较为频繁。只是秦观并非专情人，纵是"疏帘半卷微灯外，露华上、烟袅凉飔。簪髻乱抛，偎人不起，弹泪唱新词"，也仍是将她抛弃了。

后来，李师师遇见了周邦彦，两人一见如故。她喜欢他的文采，他欣赏她的美貌与才华。他期望她找个知心人嫁了，不再沦落风尘，而师师也已厌倦烟花之地，自是有成家之念。可惜，她一见如故的男子，不愿给她一个家，只把她当作知音罢了。

不知道晏几道是何时遇见李师师的，唯一知道的是，他也爱慕过她。晏几道在《生查子》中，这样赞叹李师师的美貌：

　　　　远山眉黛长，细柳腰肢袅。妆罢立春风，一笑千
金少。
　　　　归去凤城时，说与青楼道。遍看颍川花，不似师
师好。

　　晏几道赞叹李师师，眉色如望远山，身似细柳，一笑值千金。
他看遍颍昌所有的女子，没有一位如师师这般貌美的佳人。

　　他欣赏师师，喜欢师师，但却不能给她什么。当她遇见宋徽
宗，晏几道更是要将这份倾慕藏于心中了。

　　也有人说，宋徽宗生于元丰五年（1082年），而师师生于1062
年，他不可能爱上年龄相差二十岁的李师师，所以她与宋徽宗的故
事，实乃子虚乌有。不过，南宋的张端义在《贵耳集》①中记述了
宋徽宗与李师师的故事。南宋佚名所写的《李师师外传》，也有他
与她之间的交往，所以人们才推测，李师师生于1090年左右的可能
性更大。

　　在《李师师外传》中，李师师与宋徽宗相遇于大观三年（1109
年）八月十七日。他对她一见倾心，特意修了一条直往李家的通
道。直到宋徽宗将皇位"禅让"于宋钦宗，他们才减少见面，慢慢
地断了联系。

————————————

① 《贵耳集》：南宋张端义被谪韶州后写的一部笔记。谈朝野杂事，又有
旁征古史之说，间有名物所考。张端义（1179-？）：字正夫，号荃翁，郑
州（今河南省会）人。

没多久，金兵大举入侵，宋军节节败退，宋徽宗和宋钦宗被金人掳走，金军本想带上李师师，但没有成功。从此，李师师下落不明，其结局成了永久的谜。

晏几道与她的相遇，大约在秦观和周邦彦与她交往之间。那时，李师师轰动汴京，是王孙贵胄争抢的女子，而晏几道也是其中的一位恋慕者。

他写李师师，爱慕李师师，如同那些诗词人般，与佳人对烛轻谈，月下赏花。晏几道是李师师客人中的一个。她或许欣赏过他的才华，或许用晏几道的名声抬高过自己的名气，但对晏几道终究没有动过心。

他老了，已不再是能托付终身之人。回到汴京的晏几道，虽没有高官俸禄，但晚年的他，过的也是"荣显"的生活。

"君恨我生迟，我恨君生早"，用这句话来形容晏几道和李师师再贴切不过了。

晏几道还是爱上了风尘女子。这注定，让他为她的结局而担忧，而患相思，如同他担心着莲、鸿、苹、云的命运与结局。

晏几道活了一生，与歌伎痴缠了一生。并非平凡女子不好，实在是与有才华的歌伎相谈，才更深得他心。

他喜欢有才华、懂音律、唱小令、善歌舞的女子。他喜欢他的小词，在歌伎的唇舌间轻吐慢嚼，将它们化作高低起伏、哀婉深沉的歌谣。

她们，懂他。

落梅庭榭香，芳草池塘绿。春恨最关情，日过阑
干曲。

几时花里闲，看得花枝足。醉后莫思家，借取师
师宿。

——《生查子》

或许，晏几道是中年时遇见李师师的吧。这样的李师师，虽
然在历史上被认为生于1062年，与宋徽宗的爱情故事多了荒诞的成
分，但谁又能说得准呢？

梅香未散，芳草已长，池塘岸边迎来一片新绿。又到春天了。
晏几道最恨春天，因为对于游子来说，春景越鲜明、绚丽，他越是
离愁相思。

晏几道每次经过园中曲阑时，总是懒得看这大好春色。他怕
落梅勾起相思，怕芳草绿岸暗唤流年，所以他不看，不看春恨也就
没了。

晏几道又饮酒了。想起昔日在汴京时，他与李师师相遇，每次
喝醉后从不思家，因为他有师师，师师家也便是他的"家"了。

女子，永远是他心灵的归宿。

其实，将这首小词看作晏几道已在汴京，却因师师下落不明追
思她，也未尝不可。谁说，一提到"思家"，便是游子？

他也可以，身在师师家，便再不思家。

当思念李师师时，他也想知道，她究竟去了哪里，谁能告诉他？李师师比莲、鸿、苹、云，更令他揪心。

当然，也有人认为，这首小词像是晏几道游之方浓，并非残年哀朽时所作，所以认为晏几道遇见李师师时，是人至中年。

这谁又能知道呢？此事，越是考究，其说法越是杂乱不一，令人心脑混乱。

毕竟，都是推测，以己之心，推他人之经历。当一个人认为晚年的人不可能作出游之方浓的词作时，那么晏几道晚年的词有活泼之句时，便都会被否定了。

与其一再否定，不如敞开心扉，接受种种可能。

事实上，还有一种更大胆的说法，令学者们啼笑皆非。

有人见《小山词》自跋云："七月己巳，为高平公缀辑成编。"有人抓住"高平公"三个字，考究到了陆士衡的《豪士赋序》"高平师师，侧目博陆之势"一语，便怀疑"高平公"指的是李师师，而《小山词》，是晏几道晚年时为李师师所编撰的。

这不能不说，也是一家之言。但因有人认为曲解太甚，且无其他佐证，便理所当然地认为是幻想。

是幻想也好，不是幻想也罢，晏几道与李师师的感情，终究像他们的经历一样是个谜。

越是谜，便越诱人。因为谜有无数种可能，怎样说都是对的，怎样说又都是不对的。

不过，唯一可以确定的是晏几道这一次，又失去了所爱之人。

他没有背弃，也谈不上放弃，就这样沿着命运的掌纹，再一次背起了"李师师这个行囊"继续前行。

生命里所有的相遇，对于晏几道来说，都是一次负重前行。往事似一个雪球，越滚越大，越滚越重，不知何时晏几道才能将往事放下。

不是他非要活在往事中，实在是往事太过沉重，重到他必须将当下的生活一再缩短，最后缩到往事的梦里去。

又是一年春来到，晏几道满腹的心事如桃花雨般纷乱。

他仍在寻找着家。

他的心亦如桃花般不肯轻易落下。他怕落地成灰，终成一场空，可也怕无家可归，永无落脚之地。

谁说醉后不思家？他分明是，越醉越渴望能遇见让他此心靠岸的人。

可是，她们都离他而去了。

岁月如河，啼血成丘。

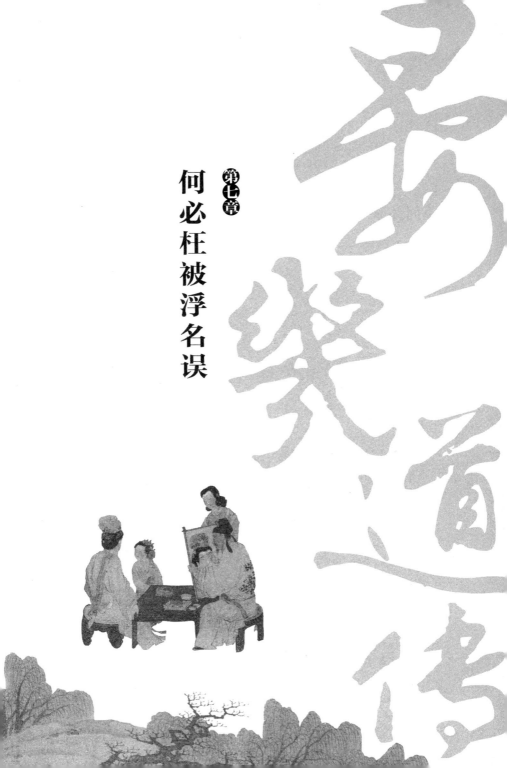

第七章

何必枉被浮名误

重回汴京

俗话说，念念不忘，必有回响。

晏几道思乡半生，在晚年时，终于回到了汴京。

汴京城外，一壶清酒，一树梅花。梅花树下，他与影对酌，却再不见当年人。

人大多都走了，好像只剩下了他。扶醉起身，他再一次想起曾经欢乐的时光，只想对往事念念不忘，再次得到回响。

他头也不回地回到旧梦中。直到朝阳撩拨起夜色，才惊破了他用心幻化的梦境。

往事，连个灰烬也不剩，如海市蜃楼般凭空消失在了朝阳之下。

晏几道不知所措地站起来，怅惘间，他终于看懂了现实。

北宋末年，"靖康之难"未发生之前，晏几道还在外漂泊，外地任职。

徽宗崇宁元年（1102年），晏几道由乾宁军通判调任开封府推官。据慕容彦逢[1]《通判乾宁军晏几道可开封府推官制》所载：

> 敕具官某：开封府浩穰，任兼三辅，往佐府事，必惟材能。以尔更缘事为，积有闻誉，选于在列，俾践厥官，毋忘恪恭，以仁明陟，可。

此后，晏几道又回到京城之北的乾宁军任通判，之后，又转任一官，但却不知何职。直到徽宗四年，晏几道仍是小官。据《宋会要辑稿》[2]载：

> 徽宗崇宁四年闰二月六日诏：开封府狱空，王宁特转两官；两经狱空，推官晏几道、何述、李注，推官转管勾使院贾炎，并转一官，仍赐章服。

漫漫长夜有时尽，仕途之路却让晏几道再也看不见光明。比这更可怕的是，北宋日复一日的国势衰微，让他再也看不见自己出任官职的价值。

---

① 慕容彦逢（1067—1117）：字淑遇，一作叔遇。北宋词人，著有《摘文堂集》。

② 《宋会要辑稿》：清嘉庆年间由徐松从《永乐大典》中辑出的宋代官修《会要》之文。全书366卷，分为帝系、后妃、乐、礼、舆服、仪制、瑞异、运历、崇儒、职官、选举、食货、刑法、兵、方域、蕃夷、道释共17门。

　　他出来做官，并非为了荣显。他和郑侠一样，有报国的心志。只是，他当下已是暮年老者，除了满腹忧郁地叹息、绕室彷徨外，再也不能为国为民做些什么。

　　不知何时，晏几道再一次回到了汴京。据宋人王灼在《碧鸡漫志》所载："叔原年未至乞身，退居京城赐第，不践诸贵之门。"

　　《晏氏宗谱》中也说他："以父荫赐进士出身，中顺大夫，提举西京崇福观，赐宣奉大夫……小山虽门荫官，而砥砺居官三十年，以致荣显。"

　　晏几道回到汴京，出任正三品官职，终于在晚年"以致荣显"，却辞官不就，"不践诸贵之门"。

　　他辞官，再也没人说他痴了。

　　崇宁二年（1103年），黄庭坚以幸灾谤国之罪除名羁管宜州。崇宁四年（1105年），又转到永州，他还未听宣布命令便客死宜州贬所，享年六十岁。

　　晏几道的知己去了，那个说他痴的人，不在了。

　　他的一生，最重知己和红颜，黄庭坚的去世，对晏几道的打击无疑是巨大的。黄庭坚真有什么过错吗？晏几道不会认为朋友做错了。他了解黄庭坚，懂他的坚持和坚守。

　　那么，晏几道又在坚守什么？

　　不过是初心罢了。

　　回到汴京的晏几道，好像又一次回到了童年。他要回到最初那个透明、纯真，像个孩子般的他。他要放下一切名利地位，回归到无忧无虑、不再被世俗所绑架的他。

这些有什么意思？没了家人、友人、情人，他纵是身居要职，又有何用？

有人说，晚年的晏几道仍痴着，仍躲避着尘嚣，他宁肯把自己交给书本诗画，也不愿过入世的生活。事实上，晏几道从最初便已看透名利与财富，只不过看透归看透，但放下却需要时间。

中年时，他纠结过仕途不显。他也知道，看透的事，未必做得到。但是，当他看到身边的朋友、家人，一个个因为仕途的原因而被诬陷、被贬，以致终生都只能活在遗憾中时，他唯一能做的，只有退下来。

他终于回到汴京，回到故乡，再不想因为仕途之事而被贬至他处。为了保住明天，晏几道必须减少意外，这样才不至于重走漂泊之路。

这尘世间，有太多人相信事在人为，相信人生充满无数可能。对于年轻人来讲，纵算遭遇风云变幻，一杯浊酒仍能解忧。可对于老人来说，那无数可能却会让他们走向万劫不复。

那时，已不是痛饮这般简单了。

事实上，年轻人认为的无数可能，在"靖康之难"面前，仍是小得不堪一提。

人在大势面前，宛若蝼蚁，以螳臂当车，最终只能叹息。不过，身为国之臣，纵是明知脚下的路和天空都是黑的，也应该坚决地走下去。

这是身为臣子的责任，他不能做一个逃兵。

晏家为国而战死的，除了晏浦外，还有晏孝广。

据《临川县志·人物志·忠义》所载：

> 晏孝广，殊曾孙，长躯修髯，倜傥有节概。年十余岁，夜读诵诗书达旦，未尝辍。政和七年，以荐补扬州尉。尉主击捕盗贼，扬于此时北迩金人，南临大江，扼险备敌，称要害地，而尉尤不易任。孝广奋然以身先之，携长子湲从事，留次子浩宁家。靖康二年，元祐太后如扬州，居无何，金人攻扬州。建炎三年……金将马五帅马骑直泊扬州城下……孝广洒泣誓众，率所纠土兵御之……帝因得乘间驰至瓜州，奔镇江……孝广挺身转斗，杀伤数十人，竟以援兵不继战死。

晚年时，晏殊最为重视对后辈子孙的教育。如今看来，他的一番苦心总算没有白费，而晏几道正巧也培养出了一位有担当、有责任心，并深具大义的好儿子。

晏几道一直心系政治。每次国难当头时，他也不由得变得悲戚起来。

> 西楼别后，风高露冷，无奈月分明。飞鸿影里，捣衣砧外，总是玉关情。

王孙此际，山重水远，何处赋《西征》。金闺魂梦枉
丁宁，寻尽短长亭。

——《少年游》

有人说，这首词约作于元丰四年至元丰八年间，那时宋与西夏战事频仍，晏几道借这首词写出了女人对征人的思念。

那时的晏几道，虽已不再评价政治，但他却无时无刻不关心着战事，关心着战场上的士兵。如今，战事再次打响，以北宋的实力，战或不战都已成为注定的结局。

这一次，他再不是扼腕长叹，再不是绕室彷徨，而是悲痛不已，痛不欲生了吧。

晏几道的一生，好像从未热血过。他视现实如梦如幻，一直以局外人的身份自居。可是，当杀伐之声不断冲进耳中，他纵是想请缨上阵杀敌，也已是不能了。

有些人相信，用自己手中的长剑，总能为人民搏来和平。可有些人，相信天道循环，纵是春天走了，经历漫长的三季后，依然会迎来新的春天。

晏几道是那个悲叹春天，又相信春天会再次到来的人。

他阻止不了侵略者，阻挡不了敌人的刀剑，唯一能做的便是等待。他手中，没有剑，仅有一支笔。

他用它来描摹现实，记录芸芸众生的愚痴。

这看上去可能有些拧巴。他一方面，帮儿子"募兵捍御"，一方面自己又"碌碌无为"，实在难以让人相信，晏几道支持儿子去

战场。

可这才是一个完整的人。没有谁，能完全做到非黑即白，是非分明。人总是有灰色地带的。或者可以说，在善良之中，有一点私心；在私心中，偏偏有一点善良。

晏几道虽恨生机勃勃的春天，却也期盼着热闹、相逢。

那年春日，世事凋敝。旧日堂前燕，有双飞、归来时，晏几道的好友、家人，却入了茫茫暮霭，消失不见。

说追思、思念、悲痛，到底是轻的。这一次，他再不能言。身为词人，晏几道第一次，失职了。

晏几道不敢再念念不忘，也知道永不会再有回响。他不能再入梦，怕痛到再也不能醒来。他只能在汴京，跟着晏家的人一起撑着。

他不再等待春天。他开始等待漫长的时间，能将他移走。

移入暮霭中，移入忘却里。

何必枉被浮名误

苏东坡在《洗儿戏作》中写道：

人皆养子望聪明，我被聪明误一生。

惟愿孩儿愚且鲁，无灾无难到公卿。

苏东坡聪明一世，最后却期盼养儿能愚且鲁，并"无灾无难"加官晋爵。这期望，比成为"聪明"之人，还难。

这大概是晏几道不喜欢苏东坡的原因之一吧。因为苏东坡太"聪明"，也太"贪"了。

世间人，愚且鲁者，有几个能加官晋爵，且保自己无灾无难的？晏几道也是聪明人，自然懂得无灾无难与加官晋爵之间，只能选其一。

所以，晏几道也被"聪明"误了一生。他因聪明避世，成为众人眼中的痴人；因聪明，终生只爱多才多艺的歌伎，追思了一生；因聪明终于看透，说出了那句："学道深山空自老，留名千载不干身。"

既然留名千载与他毫无干系，他又为何苦心编撰《小山词》？

白居易的一生，学问好，名气大，官位高，留名千世。当他学道，读到老子的《道德经》时，作了一首诗：

言者不如知者默，此语吾闻于老君。

若道老君是知者，缘何自著五千文。

白居易说，老子在《道德经》中说，但凡知者，多是沉默寡言之人，既然如此，老子又为何洋洋洒洒写下五千言？

这不是自相矛盾吗？如同晏几道，一边说着留名不干身，一边编撰着《小山词》，可见晏几道是期望留名的，但又想留下"洒脱"之名，所以既写下"不干身"的词句，又默默地编撰着《小山词》。

你爱名利没关系，请直言，何必这样虚伪？

事实上，白居易误解了老子，如同我们，会误解晏几道。

自古以来，老子的去向一直是个谜。没人知道他死在哪里，葬在哪里。在历史文献中，只称他西渡流沙，过了新疆以北，去了西域。但据《神仙传》所载，有一天，关吏尹喜守函谷关时望见紫气东来，便认为当日必有圣人过关。所以，他心中定下主意，非向他求道不可。

没多久，一位须发皆白的老者骑青牛而来，官员向他索取关牒，他因拿不出被尹喜抓了个正着。于是，他对老子说，想过关可以，请传道给我。

老子想出关，实在无奈，才"自著"五千言，留下千古名著。尹喜闻道后，便挂冠而去，不知所终。

此记载，虽不被认可，但确实可以解释，老子为何自著五千言的问题。

那么同样，晏几道编撰《小山词》也有自己的无奈。他当时之所以编撰《小山词》是因为当时名气太大，如若不亲自编撰词集，那些词怕是要遭后人误解，或改写。另外，他想对自己的一生有所总结，若能整理晏几道词，对他也是莫大的安慰。

晏几道半生落拓，半生背负着盛名。他何时闻名遐迩已不得而知，唯一知道的是苏东坡欣赏他的才华，李清照亦读过晏几道的小词。

据《苕溪渔隐丛话》所载：

李易安云："逮至本朝，礼乐文武大备，又涵养百余年。始有柳屯田永者，变旧声，作新声，出《乐章集》，大得声称于世。虽协音律，而词语尘下。又有张子野、宋子京兄弟、沈唐、元绛、晁次膺辈继出，虽时时有妙语，而破碎何足名家。至晏元献、欧阳永叔、苏子瞻，学际天人，作为小歌词，直如酌蠡水于大海，然皆句读不葺之诗尔，又往往不协音律……王介甫、曾子固，文章似西汉，若作一小歌词，则人必绝倒，不可读也。乃知别是一家，知之者少。后晏叔原、贺方回、秦少游、黄鲁直出，始能知之。又晏苦无铺叙，贺苦少典重，秦则专主情致而少故实，譬如贫家美女，虽极妍丽丰逸，而终乏富贵态。黄即尚故实，而多疵病，如良玉有瑕，价自减半矣。"

宋人王灼在《碧鸡漫志》中称赞：

晏元献公、欧阳文忠公风流蕴藉，一时莫及，而温润秀洁，亦无其比……叔原如金陵王谢子弟，秀气胜韵，得之天然，将不可学。

一个人，从未有过名利，而自称不爱名利，势必会让人有一种吃不到葡萄才说葡萄酸的感觉。而晏几道，久负盛名，甚至慕名而来的名人学士多不胜数。他得到过"名"的好处，只是他从未在乎过。

名给他带来了什么？除了结识了一班知心的朋友外，再无半点好处。

晚年，朋友落幕，家人离去，名于他而言，更像是一个笑话了。

不过有人说，在政和元年（1111年）以前，《小山词》已结集完毕。换句说话，他编撰《小山词》除了不愿遭人误解外，很有可能在编完此集后，才恍然大悟，"留名千载不干身"。

只是，这一首《临江仙·东野亡来无丽句》，后来又被他收录进了《小山词》中。写词、作词、唱词，本为喜好，本为自娱，但因晏几道名气太大，他的诸多小词被人记录下来，已不得不成为千古留名之人。

不过，晏几道说的终究是对的。名与他何干？肉身生，赞誉或诽谤，还能动摇他的心；肉身死，纵是骂他千万遍，赞他上千年，他也再无所知。

虽然今人仍在谈论晏几道，但谈论的还是曾经的晏几道吗？

晏几道，已成为一个符号，好或坏，才学如何，终究与他本人再无干系了。

当晏几道辞去官职，隐居帝都，他成了一个身处繁华京都的隐士。

之前，他的隐，有着诸多无奈与不甘。今日，他的隐，却多了一份坦然与自在。此后，他不再接见慕名而来的客人，把大把时光交给了琴棋书画、诗词歌赋。

　　年光正似花梢露，弹指春还暮。翠眉仙子望归来，倚遍玉城珠树。岂知别后，好风良月，往事无寻处。

　　狂情错向红尘住，忘了瑶台路。碧桃花蕊已应开，欲伴彩云飞去。回思十载，朱颜青鬓，枉被浮名误。

　　　　　　　　　　　　　　——《御街行》

中年时，晏几道曾在《玉楼春》中说："古来多被虚名误，宁负虚名身莫负。"那时，他懒得管自己留下的浮名，整日醉于酒中，不肯轻薄了此身。这时，他又说："回思十载，朱颜青鬓，枉被浮名误。"

别看人们年华正盛，弹指便已迟暮。天宫里的仙女正向他招手，谁知离别红尘不久，往事已再无寻处。红尘的虚名，正如天宫里的仙女般让晏几道迷失过方向，所以他说："枉被浮名误。"

晏几道傲气，有骨气，有格调，靠痴活了大半生。这是什么？其实，还是在乎脸面，在乎自己的浮名。

苏东坡说，他被聪明误一生，而晏几道则会说，他被浮名误了一生。

有时争强好胜，顾尊严，好面子，表面看来是赢了，其实最终还是输了。输给了人情世故，仕途现实。

你的赢，必定导致别人的输，输的人，岂不恨你，怨你？

人并无本质的区别。无论出世或入世，只要还有争的心在，便都是在追求胜利。

晏几道也不例外。他渴望赢，渴望得到清高、潇洒、风流才子之名。他的不愿求人，怕的不过是拖累了"好名声"，怕自己失败后被人指指点点。

只是，这一切他明白得太晚了。但这也并非说，他后悔了。纵是让他重新选择，他依旧不会入世，只是他不会再在乎"面子"了。

当白居易再次捧起老子的《道德经》时，他自认为已懂得老子，为此写下了一首诗：

吉凶祸福有来由，但要深知不要忧。

只见火光烧润屋，不闻风浪覆虚舟。

名为公器无多取，利是身灾合少求。

虽异匏瓜谁难食，大都食足早宜休。

人生遭遇吉凶祸福、成功或失败，都有它的定数与原因。真有智慧者，已知它的原因，所以不会烦恼，也不会忧愁。多少人，只看到了人间的灾难，但谁又看得见得势者正如浪中行舟呢？

名利累此身，只会令人多灾多难。其实吧，人生就是这样简单，一箪食，一瓢饮，已足矣。

只是，智者追求的境界，终究并非凡夫所追求的。所以，纵是他们百遍念叨，仍被人忽视了。不能说晏几道也忽视了，只能说他经历了大半生的吉凶祸福后，终于找到了"来由"。

他已深知，所以不忧，也不再愁。

既已不在乎虚名，那么编撰《小山词》与否，便可全凭喜好。他想编便编，不想编便作罢。

至于人们如何说，也就随他们去吧。老子说，智者沉默寡言，他却说了五千言。言已立，话已说，但谁又能说老子不是智者呢？

大悲无泪，大音希声，大象无形，大道无言。

无须向他人证明自己。

梦云归去不留痕

晏几道"穷则独善其身"半生，终于在晚年赢来了"达"，可谓大器晚成。

他站在人生顶峰，眼见国家多难，却不能为国效力，还要受制于人，便决定放下好不容易得来的官职俸禄。

世道属于他时，他没有争取机会；世道不属于他，而属于年轻人时，他只好继续独善其身。

见过了盛世繁华，享受过了富贵荣耀，人生于晏几道而言，本应再无遗憾。彻底放下，他或许做不到，但彻底碌碌无为，他也做不到。

晏几道继续写他的小词，读着四处买来的藏书。他藏书甚多，这些宝藏够他好好地安度晚年了。

国家，只剩半壁河山；家人，今已去的去，散的散，留下来的晏家子孙，有几人能与他酣畅淋漓地畅谈？金人南侵之心不死，晏几道的忧愁也没有尽头。

小词，是晏几道的灵肉，是他身心的归处。

北宋流落到了南方，晏几道的心依旧流浪于往事中。思绪万千时，他只能倚琴寄情，以词写情。

> 楼上灯深欲闭门，梦云归去不留痕。几年芳草忆王孙。
>
> 向日阑干依旧绿，试将前事倚黄昏。记曾来处易消魂。
>
> ——《浣溪沙》

风物依旧，人非昨日。往事，如梦云般归去再无痕迹。人这一生，谁敌得过时光？纵是帝王将相，又有几人能被光阴遗忘而留下来？

可是，活着的人又有谁真能忘记往事？放不下，美好的、痛苦的回忆都放不下。

北边世界，满目疮痍，如同晏几道的心，被光阴揉得遍体鳞伤。他不能想象，那一个个倒下的战士中，有他晏家的子孙。

他期望这一切只是虚幻，只是一场梦，可他分明又知道，幻想终究不是幻象。

眼泪、鲜血阻挡不了金人的欲望，而那过去的事，去了的人，也再不能追回。一切，都像洪流般向前奔腾着，非人力能够挽回得了。

他不是螳螂，自然不会以臂挡车。他只能，再一次借助小词，去抒发他愁闷的情。

晏几道作了一首《诉衷情》，写的便是靖康之难的事。不过，有人说这是伪作，但也没有人能证明这首小词是谁写的。

既然这首小词已收录到《小山词》中，那想必是他所写。

都人离恨满歌筵，清唱倚危弦。星屏别后千里，更见是何年。

骢骑稳，绣衣鲜。欲朝天，北人欢笑，南国悲凉，迎送金鞭。

——《诉衷情》

亲人离去时，他们信心满满，坚信能打赢仗。星屏别后，已去千里，再见已不知是何年何月。

他们都太天真了。当金人踏平北方大地，他们欢笑庆祝时，而南国的人……

他们怎样了？也像他的家人一样倒下了吗？

清脆飞扬的马蹄声，惊醒了晏几道的愁梦，让他以为家人回来了。

一次次地期待，一次次地希望破灭。红梅落了还能再开，而去了的人却再不能回来。

突然，门响了。绝望中的晏几道出门迎接，来人却是晁端礼。

晁端礼（1046—1113），北宋词人。名一作元礼，字次膺。他久闻晏几道大名，特意前来拜访。他在《鹧鸪天》自序中说：

> 晏叔原近作《鹧鸪天》曲，歌咏太平，辄拟之为十篇。野人久去辇毂，不得目睹盛事，姑诵所闻万一而已。

晏几道见到晁端礼心凉了半截。原来不是家人，不是友人，而是一个慕名而来的人……

晏几道正失落、失望时，抬起头，他已消失不见。他揉了揉眼睛，发现眼前的人换了蔡京。

蔡京？晏几道见他时，是何年何月？

据王灼《碧鸡漫志》所载：

> 叔原年未至乞身，退居京城赐第，不践诸贵之门。蔡京重九、冬至日，遣客求长短句，欣然而为作《鹧鸪天》："九日悲秋不到心，凤城歌管有新音。风凋碧柳愁眉淡，露染黄花笑靥深。初过雁、已闻砧，绮罗丛里胜登临。须教月户纤纤玉，细捧霞觞艳艳金。""晓日迎长岁岁同，太平箫鼓闲歌钟。云高未有前村雪，梅小初开昨夜风。罗幕翠，锦筵红，钗头红胜写宜冬。从今屈指春期近，莫使金樽对月空。"竟无一语及蔡者。

权势盛极的蔡京听闻晏几道来到京城，特意前来求词，好讨一个节日的喜庆祝贺之词。谁知，晏几道理也不理，两首《鹧鸪天》，竟无一语提及蔡京。

晁端礼、蔡京……

歌咏太平、节日喜庆……

这到底是何年何月的事了？

茫然间，晏几道被轻风吹醒，他这才知道，原来刚才做了一个梦。梦中，他没能迎来思念的家人，却迎来了"太平"与"喜庆"。

那时的晏几道，还感慨着春天，贪恋着金杯玉露；那时的晏几道，也曾儿孙绕膝，也曾为官领俸。

人呐，总以为当下的日子苦，但只有经历了更大的磨难，才知道太平盛世、平平安安有多难得。

为赋新词强说愁，算什么愁；离人散落天涯，算什么难；天涯零落、四处漂泊，算什么苦……与国家遭遇兵火洗劫、百姓处于水深火热、家人为国捐躯相比，那些都不过是无病呻吟罢了。

曾经的晏殊，一路高升，坎坷极少，所以他的愁，他的忧，也被人称为"无病呻吟"。那时，晏几道为父亲辩解，毕竟再富贵的人，也有自己的忧愁与苦难，只是无人懂得罢了。

就像寂寞，人人有。人在寂寞时，发出的悲鸣，谁能说是假的？可现在晏几道明白了。在极大的灾难面前，那些痛确实太小了，小到以为是"有病"的。

因为更为悲苦的人，除了要承受与富贵之人共有的寂寞、失去亲人之外，还承受着饥寒、无尊严、遭人欺凌之苦。

现在想来，那一点愁，一点腻人的相思，反而是美好的。因为一个人，只有酒足饭饱时，才有时间去想漫无边际的事。眼下，满目疮痍、哀鸿遍野，人们能活下去，已付出了最大的努力。

人生确实是一场冒险，但却忽略了，有些人并无选择的余地。他们只能被迫接受命运的碾压，灾难的到来。

于追求者而言，当权专政、世道不公、人心不古，他们往往只会愤愤不平，埋怨自己没有出生在好的时代。事实上，每个时代，都大同小异，都有郁郁不得志、怀才不遇之人。然而只有清醒者才能真正明白，抱怨、埋怨、愤怒，并不能解决任何问题。

有些事，不是努力就能挽回。就像晏几道的家人，也不是信心满满便能凯旋。既然死亡早晚会来，那么坦然接受吧。可以痛苦，可以悲伤，但无须抱怨与埋怨。

生命是持续地散了聚，聚了散，所以叫无常，因为留不住。与其耽溺痛苦，不如尊重生命的逝去，还它自由。

人生可以等来"达"，但生命只会等来苍老离世的结局。当晏几道老去，整日游于梦与往事中时，他发现梦变了。

在梦中，有仙女向他招手，他顺势站到了天上，俯视着大地上的芸芸众生。他突然又发现，这好像不是梦，分明是真实的。

当时明月在，曾照彩云归

晏几道喜欢在极盛的春天感慨人生的逝去与离愁。

当他的人生行至冬天，走到尽头，不知他会以何种心情来迎接离去。

人们喜欢用繁华落幕、凄凉告别，来形容一个人的死亡。因为，死亡终究是悲哀、悲伤、凄苦的。然而对于晏几道，总希望他的告别来得平淡些，平静些。

没有悲伤，亦没有欢喜，仅仅是静静地来，静静地去。

晏几道的到来，或许给晏家带来过欢喜，他的离去，也给晏家带去了一片哀鸣。但对于世人而言，他痴了一生，相思了一生，哀愁了半生，离去总算是一种解脱。

人走了，也就不会再有任何离愁了，这应该是一件值得庆幸的事。

然而，欢喜送行，显得轻浮，不够稳重，所以，还是默然不语吧。

　　世人常言晏几道悲凉倦怠，既苦又累，他的痴与不媚俗害了他。这不能怨别人，谁让晏几道这一生写下太多沾了眼泪的小词呢。

　　离愁是一张网，痛了他大半生，所以没人在乎他最后放出的豪言壮语。这很像一个人陷入过泥淖，纵是从坑中爬出，别人仍会不时提醒你曾经的遭遇。

　　晏几道逃避过，在晚年时又一次选择了逃避。国难当头，满目凄凉，他只能退回去，仍有些无奈。

　　所有的退，人们只会定义为坏。殊不知，晏几道读书一生，其实是很崇尚道家的。他与黄庭坚的友谊，曾与魏晋名士嵇康和阮籍相比。黄庭坚说："忆同嵇阮辈，醉卧酒家床。今日垆边客，初无人姓黄。对酒诚独难，论诗良不易。人生如草木，臭味要相似。"

　　魏晋风度，是士大夫们的追求。他们崇尚逍遥、自在，看世间悲喜等同。

　　过去的，都过去了。无实，抓不住，也抓不得。所以喝一杯酒吧，"追思往事好沾巾……酒筵歌席莫辞频。争如南陌上，占取一年春"。

　　哭一哭，就过去了，何必太认真？毕竟"境缘无实"。

　　人生末尾，"争如南陌上，占取一年春"。谁说离去一定要悲伤？冬天来了，春天还会远吗？

　　他走了，会以另一种方式归来。只要他还留在众人心中，便从未散场过，也从未离开过。所以晏几道很早就说过："当时明月在，曾照彩云归。"

人虽走了，留在他脑海中的人儿，却更加妩媚多姿了。

不知道什么时候，晏几道写过一首《鹧鸪天》。许是中年的时候吧，那时他还为西风而愁。当他的身躯如莲花般被西风吹落，他的心禁得住这秋寒吗？

> 守得莲开结伴游，约开萍叶上兰舟。来时浦口云随
> 棹，采罢江边月满楼。
> 花不语，水空流。年年拼得为花愁。明朝万一西风
> 动，争向朱颜不耐秋。
>
> ——《鹧鸪天》

好花无语，流水无情，晏几道年年为花落春去而忧愁。他担心明朝西风骤然而来，吹落无语的莲花。

凋零，很快的，但也并非一瞬间。因为花落时，西风总要费些力气，才能带走那一池莲荷。

花落无言，西风也无言，呼啸而过的，是仁者的心。

《坛经》云："时有风吹幡动。一僧曰风动，一僧曰幡动，议论不已。惠能进曰：'非风动，非幡动，仁者心动。'"

你若不在乎死亡，愿随西风而逝，这有何可悲？当仁者心动，也便开始逆流而上。放不下，不愿离去，痛苦悲伤……越是不愿放手，那西风也便吹得越狠，非让你再多吃些苦，好将你吹落不可。

你跟它较劲，它就偏要跟你较量一番，看谁强得过谁。

人是争不过死亡这股西风的。所以，逍遥、自在些，随着大势而去，反而能少受些苦。

晏几道出生不详，何时死亡亦不可知。

据夏承焘《二晏年谱》和《碧鸡漫志》所载，晏几道曾为蔡京填词，所以推算他卒于公元1106年左右。

据晁端礼自序，晏几道写了十首《鹧鸪天》曲，歌咏太平，而蔡京于重九、冬至日，也曾向晏几道求词，写的便是喜庆之作，所以有学者认为，晏几道在1112—1113年间还在人世。

因为"晓日迎长岁岁同"，写的很可能是公元1112年事。晏几道长子晏溥因靖康之难而战死，晏几道又写下了"北人欢笑，南国悲凉，迎送金鞭"之句，所以更加确信，靖康之难时，晏几道还活着。

但关于晏几道的具体卒年，近年来也有不同观点。1997年，涂木水先生据《东南晏氏重修宗谱·临川沙河世系》考，晏几道应该是生于1037年，卒于1110年，享年73岁。

如若没有《小山词》，人们永远不会在意，这世上还有一位叫晏几道的词人。

若以历史的角度看，他是晏殊之子，生而富贵，交友非贵即才。黄庭坚、郑侠是他的好友，他曾拒绝过苏东坡。不过，他半生小官小吏，晚年也算安定平和。

这样记录，晏几道的一生也算圆满。他人生的空白处，当可填写饮酒作乐、写诗赋词，也可慷慨潇洒、豪情万丈，亦可在爱里辗转，酥了心肠。

是黄庭坚重新定义了他。说他痴，说他傻，说他不肯入世。这当然也没什么，反而给后人多了一些想象。偏偏，他编撰了《小山词》，晏几道人生的空白处，从此被梦、相思、阴郁填满了。

他所有的不知所踪处，都记录在了小词里。他的情、他的愁、他的忧、他的担心、他的期盼、他的追思……

往事，一幕幕在他的脑海里上演。从此，他的一生被小词淹没，这片乌云压得他透不过气来。

不是他心太脆弱，不是好友不够知心，而是生而为人，真的太孤独了。

每个人都在寻找那个懂自己的人。

当曲终人散场，他再一次感受到了孤独，并在孤独中继续寻找着知音。

心向外求，只能一次次将自己推向绝望。

每个人，都是一个人来，一个人走。纵是有人愿意共同赴死，那死的滋味，终究还是要一个人尝。

每个人都是如此，所以又何必向外去寻找知音？

没有人。真的，没有人，只会越找越绝望。

与其寻找，不如把自己当作"知心人"。它完全懂你，也永远不会与你分开，至死与你不离不弃。所以孤独来临时，能够在点滴中强大着自己，许多年后，你也便懂得孤独是用来享受的。

一生一人，一人一生，已足矣。

《小山词》，是晏几道的知音。它像是一本日记，记录了晏几道的一生，却又写出了新高度。

他欣赏着小词，也欣赏着自己，所以他骄傲、自豪，对自己的才学有信心。他有傲世的资本，也有傲世能力。

毕竟，一个人能傲世一生，太需要毅力了。多少人，英明半世，晚节不保？

在现实面前，低头的人太多，这并不稀奇，能誓死坚守纯真的人，才令人敬佩。

晏几道，也算是个汉子。所以这一生，他应该是没有遗憾的。他坚守的，他做到了；他不喜欢的，亦是没有沾染。唯一的遗憾，不过是太多情寄托在了别人身上。

晏几道对得起自己，无常却没有对得起他。

光阴随着春去春回悄悄地溜走了，却也偷偷地带走了晏几道。

因为去无所知，所以他如同莲花凋落，去得毫无痕迹。你只能在"明朝万一西风动"中去见他，去找他。

西风是你，心一动，晏几道就来了。

没错，你初见莲花甚美，再见已被西风吹残，去寻他已消失不见。

如同一本静默的书，你恰如这股西风，西风在翻阅中，总会吹完一本书。当你合上书，历史中的人和事，也便消失不见了。

"争向朱颜不耐秋？"你不用像晏几道一样，去悲叹西风的无情，为莲花忧愁。

毕竟，几天之后，谁还能时时想起有一个叫晏几道的人呢？

只有在偶然间，或许多年后，一念起，才忽然想起了他。

哦，晏几道！

他又回来了。

"当时明月在，曾照彩云归。"那时的晏几道，已不是阅读时的晏几道，想必对他有了另一番的解读与理解吧。

他在这里，等着与你再来团聚。

锦字成灰

唐代诗人罗隐在《莲塘驿》中说："一梦不须追往事，数杯犹可慰劳生。"

用这句话来说晏几道，也是成立的。他的一生，只要一入梦便入了往事，只要数杯小酒，便可慰劳半生心酸。

晏几道是宰相之子，出身公卿之门，年少时也曾享受过欢愉。他的一生，随着父亲的离世几经浮沉，却不改忠厚耿介，做了历史上的痴人。

人们说，大凡骨鲠之士，多不苟求进，所以晏几道的光明磊落，不肯奔走仕途，在历史上终究要留下"懦弱""软弱"之名。

看到这样的评价，在书写晏几道时，几次为他鸣不平。因为知道，他对个人修养，是很上进，要求极高的，只是不愿入仕而已。为什么不肯入仕的人就一定要留下坏名声？历史上，不乏隐士、高洁之士，也不乏看透世事沧桑而选择隐退的人，为什么一个个的智者、通达之士，反而要因"仕途"的外物留下一个坏名声呢？

　　每个人，都有选择的权利。有人选择入世成就自己，或为国为民做出一番惊天动地的事业；有人选择提升自我修养，养成人格；也有人选择褪下浮华，过一箪食、一瓢饮的生活。

　　每个人都有追求，只是追求的方向不同罢了。但是，当人们要求近乎所有人都必须整齐划一，必须以入世才是"好"，才是"对"时，那人生还有自由选择，还能如此多姿多彩吗？

　　为什么晏几道很叛逆，为什么晏几道会忧愁，为什么他总是沉溺于往事与梦中？因为所有人，对做出其他选择的人都是"骂"的，就连黄庭坚都骂他痴，认为他做错了。

　　当每个人都指责晏几道不对时，他不抑郁，不忧愁才怪。他的愁和忧，不一定来自仕途的不得志，还来自人们的不理解。

　　无人能诉，无人能懂，真是人生至苦啊！

　　所以晏几道十分珍惜筵席中那一点点的懂得。这世间，只有苦过的人，才能了解苦人。他和她们一样，都不过是被世间"骂着"，并"瞧不起"的"坏人"罢了。

　　其实，这世间真的有自得其乐和甘于平淡的人。

　　只是，这太难了。难的不是甘于平淡和贫苦，而是耳朵能屏蔽身边人对你的劝导，心能不为之动摇。

　　晏几道搬家，因书太多遭妻子埋怨，他却认为这都是珍宝，并甘于其中。可见，晏几道有快乐的心境，但也承受着被家人唠叨、埋怨的痛苦。

　　所以，他只能也只好出任官职，为了家人去讨生活。他不能不去。身为男人，不顾及家庭，终究少了责任。你看，晏几道多难，他真正的忧愁与痛苦在这里。

明明不想做，但却不得不做。我可以任由外人笑我痴，骂我癫，却不能不管妻子空空的肚腹。

于别人而言，他一直是小官小吏，是因性格原因，使得仕途不畅。但于晏几道而言，他能为家人混得温饱已足矣。

只是，当晏几道踏入仕途时，他坚持了小半生的信念在那一刻破功了，他势必会看不起自己。所以，他珍惜一时之欢，享受及时行乐。因为明早醒来，他要戴上官帽，继续去做他的"假人"。

对于人生，晏几道只有苦笑的份儿。还好，他手中有一支笔，可以寄托所有的情感。

他写"一醉醒来春又残，野棠梨雨泪阑干"，也写"可怜春恨一生心，长带粉痕双袖泪"，还写"人情却似飞絮，悠扬便逐春风去"……

他写了太多"春"，然而生机勃勃的春在晏几道笔下总是如此黯淡。这正如他的人生，明明还是壮年，却要去做不喜欢的事。他，如春花般，凋落了。

晚年，晏几道迎来平顺人生，却极快地选择放下，这也便很容易理解了。既然家人已吃穿不愁，那么他也可以放下责任，去做自己想做的事了。

当然，如若没有靖康之难，晏几道的晚年大概是幸福的。无奈，他再一次迎来新的不得已，只能一次又一次地书写离愁。

清人杜文澜在《憩园词话》①中评价晏几道的词："词之有令，唐五代尚矣。宋惟晏叔原最擅胜场。"

清人陈廷焯在《白雨斋词话》中评价晏几道的词："北宋晏小山工于言情……措词婉妙，则一时独步。"

吴世昌在《词林新话》②中也赞叹了晏几道的词："《小山词》比当时其他词集，令读者有出类拔萃之感。它的文体清丽宛转如转明珠于玉盘，而明白晓畅，使两宋作家无人能继。"

没有晏几道独特的经历，也便无法成就晏几道词。他恨幸福太少，恨光阴太短，恨世事无常，恨亲人不聚，恨恶人当道，恨恨恨……

晏几道虽然恨多，但恨得并不咬牙切齿，如吴世昌对晏几道词的评价，恨得"清丽宛转如转明珠于玉盘"。

关于《小山词》的评价，后人写了太多太多，多到超过了晏几道一生所写下的文字。

古人注重著书立言。晏几道虽未立言，却将自己一生的思想哲学，融入进了小词中。这是他的人生价值观，也是他想告诉世人的人生答案。

他并不在乎能否留名千古。毕竟，留名不能弥补他这一生的遗憾，也不能让他重新活过来。

斯人已去，物是人非，锦字也已成灰。

---

① 杜文澜（1815—1881）：字小舫，号采香。少年中举，逢太平天国战乱，参军幕，有干才，为曾国藩所称。官至江苏道员，署两淮盐运使。

② 吴世昌（1908—1986）：作家、译者。早年获燕京大学文学硕士、英国牛津大学荣誉硕士学位，中国作家协会会员。《词林新话》系根据吴世昌先生在一些词书上的眉批、夹注及片段手稿、信件等整理而成。

　　有人善写世间沉郁，有人善写繁华背后的苍凉，也有人善写苍凉背后的繁华……无论善写什么，人既活在世间，便需要入世，但也需要潜怀；既已投入生活，但也需观照，也需探索内心世界。

　　人修不到无欲无求，也做不到安置好人生的痛苦，如果能探知到人生真相，即便仍不能做到清心寡欲，至少能在苦时笑一笑，在磨难面前，试着多坚持一会儿。

　　有些人，喜欢给人生一个主题，给书本一个主题，如若书中没有清晰的价值观便会认为作者模棱两可，写得不知所云。

　　其实，真实的人生就是如此。

　　人们既会坚持也会放弃，既会矢志不渝也会朝三暮四，既会至诚至真也会嫉妒贪婪。没有谁，是完全的、绝对的，只有好，没有坏。

　　也少有人，人生只有一个主题，并一条路走到头。

　　生命复杂，人生也复杂。不过总归来说，也无非是有顺利，有坎坷；有平淡，也有激情；有快乐，也有痛苦……

我们需要的，不是别人告诉我们人生的主题是什么，而是我们在受难、受苦时，要知道到底该如何站起来，如何抉择，以及如何保持清醒。

不同的情境下，下药不同，方法不同，心境也不会相同。所以，很多事，并非一句话便能说得清，也并非简单的励志、鸡汤、方法论，就能解决所有问题。

晏几道的一生必然是复杂的，不能简单地、一味地，用一种沉郁、痛苦、不得志来解读。因为不同的情境下，他的心境也一定会有不同的变化。所以，即便同样是相思、追思、感慨人生如梦的小词，解读起来也没有整齐划一。即便同是写出世与入世，也并没有绝对的好坏……

笔者只忠于人物内心的探索，忠于人物内心的渴望，至于好坏，则是由别人来评说。不过，书中所有的观点，也只是正巧想表达人物的心境与心情，以此来让人们对人物有更多的认识而已。

晏几道的一生，史料太少，少到仅有数千言。他人生的空白处，全由小词来填满。一边解他的小词，一边跟他一起走过万水千山，看尽人情冷暖。写到最后，他回到故乡，也回到了最初的"金鞭美少年"。

这时，突然发现，原来笔者从未写过一个字。因为那纯真的回归，把这些文字、假说、小词，以及晏几道的一生，全部抹去了。

人生是一个圆，开始即是结束。中间，是新的开始，也在新的结束中。

当一切再次归零，还剩下什么？文字吗？

锦字成灰。

李商隐去世后，崔珏写下了一首《哭李商隐》：

> 虚负凌云万丈才，一生襟抱未曾开。
>
> 鸟啼花落人何在，竹死桐枯凤不来。
>
> 良马足因无主踠，旧交心为绝弦哀。
>
> 九泉莫叹三光隔，又送文星入夜台。

这首诗，用来哭晏几道也是合意的。

他沉郁、婉转、婉约了一生。死时，还是哭得豪迈、荡气些吧。

同时也愿，你我能做一个自由人，不被物转，不困于心，不悲过去，不贪现在，不惧未来。

坦然而住，无所谓始，也无所谓终。

正如弘一法师所言："去去还来。"

《小山词》黄庭坚序

　　晏叔原，临淄公之莫子也。磊隗权奇，疏于顾忌，文章翰墨，自立规摹，常欲轩轾人，而不受世之轻重。诸公虽称爱之，而又以小谨望之，遂陆沉于下位。平生潜心六艺，玩思百家，持论甚高，未尝以沽世。余尝怪而问焉，曰："我盘跚勃窣，犹获罪于诸公，愤而吐之，是唾人面也。"乃独嬉弄于乐府之余，而寓以诗人句法，清壮顿挫，能动摇人心。士大夫传之，以为有临淄之风尔，罕能味其言也。予尝论："叔原，固人英也，其痴亦自绝人。"爱叔原者，皆慍而问其目。曰："仕宦连蹇，而不能一傍贵人之门，是一痴也。论文自有体，不肯一作新进士语，此又一痴也。费资千百万，家人寒饥，而面有孺子之色，此又一痴也。人百负之而不恨，己信人，终不疑其欺己，此又一痴也。"乃共以为然。虽若此，至其乐府，可谓狭邪之大雅，豪士之鼓吹，其合者《高唐》《洛神》之流，其下者岂减《桃叶》《团扇》哉？予少时间作乐府，以使酒玩世。道人法秀独罪余以笔墨劝淫，于我法中当下犁舌之狱，特未见叔原之作邪。虽然，彼富贵得意，室有倩盼慧女，而主人好文，必当市购千金，家求善本。曰："独不得与叔原同时邪！"若乃妙年美士，近知酒色之虞；苦节臞儒，晚悟裙裾之乐，鼓之舞之，使宴安酖毒而不悔，是则叔原之罪也哉！山谷道人序。

大致译文

晏叔原，仁宗朝宰相晏殊之子。晏殊在世时，其家世豪贵、显达独擅一时，使晏叔原养成了我行我素、不拘一格的性情。他才能卓越奇特，文章翰墨，自有一套规矩。他做人也有自己的风格，常与现实相悖，不在意世之轻重。

晏殊去世后，晏家家道中落，晏叔原的傲兀不群、不流于俗的气质越发明显。这种情性，让他只能活得贫穷潦倒，不为人知。事实上，晏叔原平生潜心六艺，玩思百家，持论甚高，但却不想以此显耀于世。黄庭坚不解，只好问晏叔原原因。他解释说："我愤世嫉俗的情怀，难免获罪于人，不得不加以掩抑。"因此，晏叔原将满心热情，投入到了乐府中。在宴席上，他的词以歌唱之，以身舞之，其词清壮顿挫，很是能动摇大众的心。

士大夫们喜欢晏叔原的词，其词在风流雅士中，也是少有的。在我看来，晏叔原有四痴：他生于宰相府，却偏不依附权贵为自己谋生，是一痴也；文章自成一体，却不愿趋时，又一痴也；为了稀本、珍本耗资百万，却不理家人寒饥之苦，此又一痴也；受人亏负百次而不怨恨他，仍诚信待人不起疑惑，更是一痴也。

虽然如此，但是谈到乐府，那他真是非常了得。我认为，晏叔原"狭邪"的小词中，已表现出严肃庄重，合于"大雅"的情感思想。而《高唐》《洛神》《桃叶》《团扇》，也说明寄托类的小词多为楚辞以来传统的香草美人题材。不过，《高唐赋》和《洛神赋》，与屈原借香草美人寄托爱国之志相同。所以，晏叔原的小词，也是托词于男女的相思之情，寄寓了对国家的关心与钟爱。但是，《桃叶》与《团扇》则不同，仅在寄托真挚情爱、咏物寄闺情而已，虽有托意，但却没有家国天下的内容，由此落了下乘。

我少时也作乐府，以酒玩世。在道家看来，以笔墨劝人走进"情爱"中是要下犁舌狱的。不过，晏叔原的词，却没有见到这样的作品。

晏叔原虽然富贵得意，家中有美妻慧女，但因为他太好读书，见到珍本、孤本，即使抛掷千金也在所不惜。所以，我也不得不感慨，这样的美少男，虽富贵，但近酒色、书本，使得他落魄潦倒，晚年只能在宴席上与歌女、舞女们一乐。他钟爱宴乐，情性至此，不肯悔改，在我看来，算是他的原罪吧。

《小山词》自序

《补亡》一编，补乐府之亡也。叔原往者，浮沉酒中，病世之歌词不足以析酲解愠，试续南部诸贤绪余，作五、七字语，期以自娱。不独叙其所怀，兼写一时杯酒间见闻、所同游者意中事。尝思感物之情，古今不易，窃以谓篇中之意。昔人所不遗，第于今无传尔。故今所制，通以"补亡"名之。

始时，沈十二廉叔、陈十君龙家有莲、鸿、苹、云，品清讴娱客。每得一解，即以草授诸儿。吾三人持酒听之，为一笑乐。已而，君龙疾废卧家，廉叔下世，昔之狂篇醉句，遂与两家歌儿酒使俱流传于人间。自尔邮传滋多，积有窜易。七月已巳，为高平公缀缉成编。追惟往昔过从饮酒之人，或垄木已长，或病不偶。考其篇中所记悲欢合离之事，如幻如电，如昨梦前尘，但能掩卷怃然，感光阴之易迁，叹境缘之无实也。

大致译文

《补亡》这一编，是为补充乐府词的缺漏内容。我晏叔原早年时沉溺酒中，对当世的歌词颇为遗憾，认为这些歌词无法排解我的烦愁与郁郁不平之事，于是我自己尝试为南唐诸位名家补绪作词，作五、七言的小词，只希望聊以自慰。这些词，并非仅仅叙述我所怀念的人和事，还兼写了当时的所见所闻，以及与我同游者心中所想之事。我细细想来，感物之情，古今从未变过，我认为自己的词正巧体现了这一点。昔日之人未曾保存下来的文章，时至今日更是难以流传。所以我今天的作品，全部以"补亡"为名。

最初，沈廉叔、陈君龙家有莲、鸿、苹、云四位歌女，在宴席上以清歌来娱乐宾客。我每次作得一首小词，即草草传授给她们。沈廉叔、陈君龙和我便边饮酒边欣赏她们的歌曲，是为人生一大乐事。后来，君龙患疾，卧床家中，廉叔去世，昔日饮酒时写下的小词、文章，说过的醉话，都随着两家被遣散的歌女、酒使，一同流落民间了。自此，流传的范围越发广泛，一些词不免出现错漏。七月已巳日，我答应了高平公的请求，愿将自己所作小词编辑成册。只是，那些一同饮酒作乐的人，他们不是已去世，便是久羔。如今考究起记载的这些小词来，记录的尽是悲欢离合之事，如幻、如电、如昨梦前尘，我掩卷怅然失意时，感受的也是光阴易逝、境缘无实罢了。

晏几道简易年谱 ①

宝元元年（1038年）

晏几道4月23日生，字叔原，号小山，为晏殊第八子（另有一说，为晏殊第七子）。

是年，晏殊48岁。

庆历元年（1041年）

晏几道4岁，好友郑侠生。

庆历五年（1045年）

晏几道8岁，黄庭坚生。

至和二年（1055年）

晏几道18岁，晏殊去世。

熙宁七年（1074年）

晏几道37岁。

四月，因郑侠上书指斥吕惠卿而牵连入狱。

十一月，出狱。

---

① 据张草纫所著《二晏词笺注》附录五晏几道部分事迹及作品编年修改而成。——编者注

熙宁八年（1075年）

出狱后，遇到以前在南湖相识的歌女疏梅。

元丰元年（1078年）

晏几道41岁。

五兄知止为江南太守，晏几道前往依附。

是年，张先卒。

元祐元年—元祐三年（1086—1088年）

晏几道49岁—51岁。

《小山词》编于此三年间。

元祐元年，王安石卒。

建中靖国元年 （1101年）

晏几道64岁。

苏轼卒。

崇宁二年（1103年）

晏几道66岁。

此年经常搬家，戏作示内诗。

大观四年（1110年）

晏几道73岁。

九月卒。

阅读及参考书目

[1] 李焘. 续资治通鉴长编[M]. 上海师范大学古籍整理研究所点校. 北京：中华书局，2004.

[2] 杨仲良. 续资治通鉴长编纪事本末[M]. 北京：北京图书馆出版社，2003.

[3] 脱脱等撰. 宋史[M]. 北京：中华书局，1985.

[4] 袁行霈. 中国文学史（第三卷）[M]. 北京：高等教育出版社，1999.

[5] 吴熊和. 唐宋词通论[M]. 北京：商务印书馆，2003.

[6] 蒋勋. 蒋勋说宋词[M]. 北京：中信出版社，2012.

[7] 杨海明. 唐宋词史[M]. 天津：天津古籍出版社，1998.

[8] 叶嘉莹. 唐宋词十七讲[M]. 北京：北京大学出版社，2017.

[9] 薛瑞生. 东坡词编年笺证[M]. 西安：三秦出版社，1998.

[10] 孔凡礼. 苏轼年谱[M]. 北京：中华书局，1998.

[11] 晏殊，晏幾道. 晏殊词集 晏幾道词集[M]. 张草纫导读. 上海：上海古籍出版社，2010.

[12] 王双启. 晏几道词新释辑评[M]. 北京：中国书店，2007.

[13] 晏殊，晏幾道. 二晏词笺注[M]. 张草纫笺注. 上海：上海古籍出版社，2008.

[14] 唐红卫. 二晏年谱长编 [M]. 天津：南开大学出版社，2016.

[15] 晏几道. 小山词[M]. 上海：上海古籍出版社，2005.

[16] 唐红卫. 二晏研究[M]. 天津：南开大学出版社，2010.

[17] 村上哲见. 宋词研究[M]. 杨铁婴，金育理，邵毅平译. 上海：上海古籍出版社，2012.

[18] 徐松. 宋会要辑稿[M]. 刘琳，刁忠民，舒大刚，尹波等校点. 上海：上海古籍出版社，2014.